국어순화정책

3

사단법인 국어순화추진회 | 세종학연구원

「국어순화정책」 제3호를 내면서

 올해 2016년은 우리 겨레의 으뜸 스승이신 세종성왕 탄강 619돌의 해이자 훈민정음 반포 570돌의 해로서, 나라 말·글·얼의 선각자 한힌샘 주시경 선생 나신 140돌의 해이다.
 이 뜻깊은 해를 맞이하여 이번 발행 「국어순화정책」 제3호에는 "교과서 한자 표기와 국어 순화에 대하여"라는 논문과 행정 용어 순화어, 그리고 주시경 선생의 어록을 재편집 수록하기로 하였다.
 한힌샘 주시경 선생은 「국어문법」의 서(序)와 「국어문전음학」의 자국언문(自國言文)에서,

 "자기 나라의 말과 글을 존중하여 써야만 나라의 바탕[國性]이 굳건해지며, 나라의 바탕이 장려되어야만 나라를 보존하고 일어나게 할 수 있다."

라고 하였으니, 이 글에서 우리는 선생의 말·글 연구의 기본적인 자세를 명백하게 알 수 있다.
 우리 국어학이 인문과학으로서 면모를 갖추게 된 것은 주시경 선생의 국어학에서부터라고 말할 수 있다.
 주시경 선생의 말소리와 말본의 연구는, 그 근본을 따지고 보면, 모두 나라의 힘과 겨레 정신의 근본적인 태도가 되는 말과 글을 바로 잡기 위함이었다. 선생은 선생이 말씀한 국성(國性)의 모태가 말과 글이기 때문에 이것을 연구하고 바로 잡으려고 했던 것이니, 이것은 주시경 선생 학문의 출발점이기도 하다.
 그리하여 주시경 선생은 우리 말과 글을 "국어 국문"이라고 부르고, 글도 거의 "국문 전용"(한글 전용)으로 일관하였을 뿐만 아니라 일반적인 표현에

서도 순수 고유어로 모색하였고, 또 순수 고유어를 창안하여 말본 갈말(술어)을 써가면서 국어 말본 체계를 확립하였으며, 맞춤법 개혁, 표준어 확립, 국어사전 편찬, 한글가로풀어쓰기 등에 선구적인 업적을 수립하였다. 이러한 학문에 대한 선생의 근본적인 태도는 선생의 제자 최현배, 김윤경, 장지영, 김두봉, 정열모 들에게 잘 받아들여졌다.

우리 국어순화추진회는 그동안 바른말 고운말 쉬운말 쓰기를 권장하면서, 우리가 사용하고 있는 용어 중 국민에게 불쾌감을 주거나 일제 잔재 및 어려운 한자어, 외래문화에 오염된 순화 대상 용어들을 발굴 정리 정비하여 보급하는데 힘써 왔으며, 특히 2014년부터 학술지「국어순화정책」을 제1호부터 제3호까지 내면서 순화한 생활순화외래용어, 학술(말본) 순화용어, 행정 순화 용어를 각 호마다 수록하여 발행하고 있으므로 국어의식을 고취함은 물론 국어 순화에도 기여하고 있다고 본다.

끝으로 이번「국어순화정책 3」을 발행함에 있어 지원해 주신 재단법인 한글재단 이태형 이사장님을 비롯한 여러 임원님, 논문을 보내주신 경인교육대학교 이창덕 교수님, 행정 용어를 수집 정리해 주신 분, 심의 검토하여 주신 심의위원님들께 감사드리고, 이 학술지를 맡아 편집 발행해 준 세종학연구원 대표와 관계자 여러분에게도 고마움의 말씀을 드린다.

2016년 12월 21일

사단법인 국어순화추진회 회장 **박 종 국**

국어순화정책
3·2016

차 례

「국어순화정책」 제3호를 내면서 ······················· 박종국·····3

<논 문>

교과서 한자 표기와 국어 순화에 대하여········이창덕(경인교육대학교 교수)······7

<순화어>

행정 용어 순화어 ·· 35

<참고 글>

주시경 스승 어록 ····································· 박종국······117

교과서 한자 표기와 국어 순화에 대하여

이창덕(경인교육대학교 교수)

Ⅰ. 머리말

우리 사회에서 한자를 중시하는 사람들이 이른바 '어문정책정상화추진위원회'를 만들어 2012년 10월 국어기본법이 위헌이라며 헌법재판소에 소송을 제기했다. 국어를 표기하는 문자를 '한글'로 규정하고 교과서와 공문서 모두 한글로 쓰도록 한 '국어 기본법'(제3조)이 국민들의 어문생활의 자기 결정권을 침해하고 있으므로 위헌이라는 것이다. 한자는 이천 년 이상 우리 조상들이 사용한 문자이므로 우리 문자라고 주장하고, 학습자들의 창의력, 사고력, 인성 교육을 위해서도 한자 교육이 절대적으로 중요하며 우리 학생들이 한자문화를 누릴 자유가 있는데 국어 기본법이 그 자유를 침해한다는 것이다. 2016년 11월 24일 헌법재판소는 그 소송을 이유 없다고 기각하고, 중고등학교에서도 한문을 필수로 가르치지 않고 선택 과목으로 운영해도 문제가 없다는 판정을 내렸다. 1894년 고종 칙령 1호에 따라 '우리말을 기록하는 우리 문자가 한글'이라고 공포한 이후 백여 년 동안 우여곡절을 겪으면서 한글 전용이 정착한 이즈음에 한문과 한자를 중시하는 사람들이 한글 표기를 원칙으로 하는 국어기본법을 위헌이라고 다시 문제 삼았지만 헌법재판소가 문제없다고 판시한 것이다.

그런데 한문과 한자를 중시하는 사람들의 주장을 받아들여 교육부가 지난 2014년 9월에 2015개정 교육과정에 따라 만들어지는 초, 중, 고 교과서 모든 과목 교과서에 한자병기를 검토한다는 보도 자료를 내고 초등학교 모든 교과서에 한자 병기를 추진하다가 뜻대로 되지 않자 교과서에 한자를 다른 방법으로 표기하는 방안을 연구하는 정책 연구를 발주하여 2019학년도부터 사용할 초등학교 5~6학년 국정 교과서 5개 과목(도덕, 국어, 사회, 수학, 과학) 교과서에 한자를 표기하려고 준비하고 있다. '초등교과서 한자 표기 방안' 교육부 정책 연구 중간보고서에서 연구팀은 370개 한자어를 선정하고 교과서 집필진과 교과용 도서 심의회가 학습 맥락상 필요하다고 판단하면 한자를 표기하도록 한다는 안을 내놓았다.

이 글에서는 공문서나 교과서에 한자를 병기하거나 표기하면 기본적으로 어떤 문제가 생기는지 밝히고, 지금까지 무분별하게 받아들인 한자어들을 어떻게 정리하고 우리말답게 순화할 것인지에 대한 원칙과 방법을 논하고자 한다.

Ⅱ. 교과서 한자 표기 주장과 문제점

1. 기초 국어 능력 발달 문제

초등학교 교과서에 한자를 표기하면 생기는 가장 큰 문제는 초등학교 아이들의 기초 국어 능력 발달을 저해한다는 점이다. 초등학교 수준에서는 무엇보다 아이들이 우리말 기초를 익혀서 듣고, 말하고, 읽고, 쓰는 의사소통 능력과 함께 사람들과 조화롭게 살아가는 인성과 사회적 적응력을 길러야 한다. 그런데 모든 국정 교과서에 한자를 표기하게 되면 아이들이 어려운 한자 배우는 데 시간을 빼앗기게 돼서 우리말의 기본을 배우고 익힐 기회가 줄어들게 된다. 모든 초등 국정 교과서에 표기하고 그 한자의 음과 훈을 익히게 하면, 초등학교에서 한자 교육이 모든 교육 내용보다 우선하게 되어, 한자는 마치 법률에서 특별법과 같은 지위를 갖게 된다. 즉 한자는 모든 교과 수업에서 가장 먼저 배워야 하는 내용이 된다. 한글 발음과 맞춤법 등 국어 지식과 언어 예절 등 국어 기본 교육 내용뿐만 아니라 과학, 사회, 도덕, 수학 등 교과에서도 기초 교과 내용을 배우기 전에 한자를 먼저 배워야 하는 일이 벌어질 것이 틀림없다.

초등학생들의 경험과 지적 수준에서 익혀야 할 낱말 가운데 한자를 모르면 이해할 수 없는 단어가 거의 없다. '가뭄이 길어져 먹을 것이 모자라면, 애 어른 할 것 없이 풀뿌리와 나무껍질로 겨우겨우 목숨을 이어왔다.'라고 할 수 있는 것을 '한발(旱魃)이 심(深)해져 식량(食糧)이 부족(不足)해지면 남녀노소(男女老少) 불문(不問)하고 초근목피(草根木皮)로 근근(僅僅)히 생명(生命)을 부지(扶支, 扶持)했다.'처럼 굳이 어려운 한자어를 동원해서 말하고, 그 말뜻을 잘 모른다고 한자를 가르치고 한자로 표기해야 한다는 것은 우리 아이들이 국어를 국어답게 사용하지 못하도록 막는 것이며 기초 국어교육을 망치는 주장이다. 초등 교과서에 한자어 때문에 모르는 단어가 있다면 그 한자어를 자연스러운 우리말 표현으로 바꾸는 노력을 먼저 해서 초등학생들의 우리말 힘을 길러주는 것이 먼저다. 교과 학습어휘도 가능하면 쉬운 우리말로 순화해야 한다. '구근(球根)식물'을 '알뿌리식물'로, '자승(自乘), 평방(平方)'을 '제곱'으로, '능형(菱形)'을 '마름모꼴', '염료(染料)'를 '물감'으로 바꾸는 것과 같은 우리 토박이말 살려 쓰기가 이루어져야 한다.

한자어일지라도 굳이 한자로 표기할 필요가 없다는 것이 최근 연구에서도 다시 밝혀졌다. '소설가, 화가, 만화가, 조각가, 작가'에서 이들 단어의 의미를 알기 위해서 사용된 모든 한자를 읽고 쓸 줄 알아야 하는 것이 아니라 이 단어들에서 공통으로 드러나는 '-가'에서 '무엇을 전문 직업으로 하는 사람'의 의미를 찾아내는 교육이 중요하다는 것을 인지과학자의 실험 연구에서 밝혔다. 한자어의 의미를 파악하는 데는 한자 표기가 아니라 그 형태소가 가진 개념 요소를 정확하게 이해하는 것이 중요하다는 것이다.[1] 초등 국어에서 글자의 조합과 운용, 맞춤법과 표준발음법뿐만 아니라 바람직한 의사소통 능력, 자신의 생각과 느낌을 합리적으로 표현하는 능력, 상대방을 배려하고 공감하는 능력, 경청하고 문제를 해결하는 능력을 기르는 것이 중요한데 이런 능력들은 한자를 배우고 쓸 줄 안다고 길러지는 능력이 아니다. 수학이나 과학, 사회, 도덕 교과에서 나오는 학습 어휘도 그 교과의 기본 지식을 가지고 우리말로 개념을 설명하면 된다. 굳이 한자로 읽고 쓸 수 있도록 교육할 필요는 없다. 한자어라고 한자로 표기하거나 병기하면 학습자들의 읽기 속도를 느리게 만들고, 교과서 내용을 파악하는 데 오히려 저해 요소가 될 가능성이 높다. 한자의 훈과 음을 알면 한자어의 의미 이해에 직접적으로 도움이 되는 경우는 실제 그다지 비율이 높지 않다. 허민(2016)에서 보여준 수학 용어 조사 분석에 따르면 초중고 교과서에 사용되는 수학 용어 가운데 21% 정도만 한자의 의미가 단어 의미 이해에 직접 도움이 되고, 대부분의 경우 직접적 관계가 없거나 오히려 개념을 이해하는 데 방해가 된다고 밝히고 있다. 이건범(2016)에서는 초등교과서에 사용된 한자어의 한자 어원 상관성이 넓게 보아 31%이고 나머지 한자어는 어원과 상관이 없거나 어원이 동어반복이거나 상관성이 낮은 한자어로 되어 있다는 것을 밝히고 있다.

교과서에 한자 표기를 고집하는 사람들은 초등 수준에서 배울 한자를 300~400자 정도로 한정한다고 하지만 그 정도 한자도 초등학생에게는 익히기가 버겁고 부담이 된다. 중고등학교에서 한두 주 정도면 익힐 수 있는 한자를 초등학교 2년 동안 배우게 하는 것은 문제가 많다. 한자어 이해를 위해 한자 교육이 필요하다면 중학교, 고등학교 한자교육에서 답을 찾아야 한다. 현재 초등학생의 학습 부담이 너무 커서 정부 차원에서도 학습량을

---

[1] 배성봉, 이광오, 마스다 히사시(2016), 새로운 단어의 학습에서 형태소 처리의 영향 : 개인차 연구. 「인지과학」 27(2), 159-180.

줄이도록 새 교육과정을 만들고 그에 따라 교과서를 편찬하고 있는데, 초등학교 교육용 한자를 정하고 모든 국정 교과서에 한자를 표기하는 것은 결과적으로 초등학생의 학습 부담을 늘리는 잘못을 범하는 것이다.

인류 문자 발달사를 보면 그림문자, 상형문자, 낱말문자, 음절문자, 음소문자 순으로 발전해 왔는데 한자는 음소문자인 한글보다 경제성, 효율성 면에서 경쟁이 안 될 정도로 어렵고 활용이 불편하다. '산'을 '山'이라 표기하면 개념 이해가 쉬워 보이지만 낱말 수만큼 글자를 만들어야 하고, 그 글자들의 조합은 어떤 의미인지 다시 배워야 한다. 한마디로 한자는 배우는 노력에 비해 문자로서 효용성이 낮은 문자이다. 중국조차 과거의 한자를 버리고 간체자를 개발하고 휴대전화에서 입력할 때 영어 알파벳을 이용하는 방식을 채택하는 것은 한자로 인한 문자생활의 어려움을 해결하고자 낸 교육지책이다. 다시 말해, 초등 교과서에 한자 표기를 하는 것은 비효율적인 한자를 배우게 함으로써 초등학생의 학습 부담을 더 무겁게 하고 정작 중요한 교과 내용 공부할 시간을 빼앗는 불합리한 정책이다.

말은 단순히 생각과 느낌을 표현하고 정보를 전달하는 기능만 하는 것이 아니라 그 말을 사용하는 사람의 생각의 바탕을 만든다. 훔볼트(W. Humboldt)와 헤르더(J. G. Herder), 바이스게르버(J. L. Weisgerber) 등의 서구 언어철학자들의 주장을 빌지 않아도 언어가 인간에게 얼마나 중요하며, 공동체에서 사용하는 언어가 그 구성원의 사고와 가치 판단에 미치는 영향력이 얼마나 큰지 새삼 강조할 필요가 없다. 초등학교 시절부터 우리말과 글을 중심으로 생각하면 사고와 가치관도 우리 틀을 가지게 되는 것은 당연하다. 말과 글은 그것을 쓰는 사람의 얼이 되고 혼이 된다. 우리말을 두고 한문을 중심으로 살던 사람들이 우리말을 우습게 여기게 된 것은 당연한 결과이다. 요즘 아이들이 영어를 많이 사용하여 영어를 우리말보다 낫게 여기고 우리말을 천하게 여길 뿐 아니라 '미지근하다'와 같은 우리식 개념 체계를 이해 못하는 것도 걱정이다. 인구어를 사용하는 사람들은 '소,

풀, 닭' 세 낱말 중 관련이 깊은 둘을 고르라고 하면 당연히 '소'와 '닭'이 관련이 깊다고 고르지만, 대부분 아시아계 사람들은 '소'와 '풀'이 관련이 깊다고 고르게 된다는 사실은 사고와 언어 사이에 시사하는 바가 크다.

한자어를 우리말보다 더 좋아하여 '내일'의 우리말이 없어지고, 순 우리말의 존댓말 자리에 많은 한자어가 차지한 것은 안타깝다. '성함'이 '이름'의 존댓말로 대우받고, '애오개'가 '아현(阿峴)'으로, '한밭'이 '대전(大田)'으로 바뀌어 되돌릴 수 없는 현실이 딱하다. 요즘 영어를 우리말보다 더 좋아하는 현상이 심해져 비슷한 일이 일어나고 있다. '장보기'보다 '쇼핑'을, '생각'보다는 '아이디어'를, '모닥불'보다 '캠프파이어'를, '굴'보다는 '터널'을, '반칙'보다는 '파울'을, '웃돈'보다 '프리미엄'을 더 좋아하고 많이 쓴다. 과거 '잠자리비행기'라고 부르던 것을 이제는 '헬리콥터'라고 부르게 되었고, 최근 유행하는 '헬리캠코더'를 줄여서 '헬리캠'으로 부르는데 시간이 지나면 영어의 어원을 살려서 이해하기 쉽도록 'helicopter', 'helicam'으로 쓰거나 병기하자고 하는 주장이 나올까 염려스럽다. 외국의 문물이 들어오면 그와 함께 용어도 들어오는 것을 막을 수는 없으나, 먼저 그것들을 우리말로 바꾸어 쓰거나 우리말답게 바꾸려는 노력을 기울여야 한다. 우리 아이들이 어릴 적부터 우리말을 소중하게 여기고 우리말 표현을 외국어 표현보다 더 좋게 여기는 정신과 태도를 길러야 영어가 범람하는 세계 흐름 속에서도 우리 말과 글이 생명력을 가지고 발전할 수 있다.

2. 나라 말글 정체성 문제

초등 국정 교과서에 한자를 병기하거나 표기하는 것은 한자가 대한민국이 정한 나라 글자가 아니라는 점에서 문제가 된다. 글자는 기본적으로 그 민족의 말을 기록하기 위해 만드는 것인데, 중국말을 기록하기 위해 만든 한자로는 전혀 계통과 구조가 다른 우리말을 제대로 기록할 수 없다. 수십만 자의 한자를 가지고도 기록할 수 없는 우리말 발음이 많은 것은 당연하다. 한글 자모 이름 가운데 '기역, 디귿, 시옷'의 불규칙이 생긴 것은 한자에 해당 발음을 기록할 글자가 없었기 때문이다. 천년 이상 한자 문화의 영향권 아래 살아오고 백여 년 전까지 공식 문서에 한자를 썼다고 해서 한자를 대한민국의 공식 문자로 인정할 수는 없다. 한국과 일본에서 오랫동안 한자를 빌려 쓰기는 했지만, 한자는 여전히 중국 글자이다. 한자로 한국말과 일본말을 기록하는 것은 한계가 있고 불편할 수밖에 없다. 일본 교육을 받은 과거 지식인들이 일본어 사용에 익숙해져 세로쓰기와 한자혼용을 선호하고 그 장점을 내세우지만 일본도 학생들에게 한자를 교육하는 데 어려움을 겪고 있고, 많은 한자를 배운 뒤에도 여전히 한자 읽는 법 때문에 문자 생활에 곤란을 겪고 있는 것을 고려하면 뛰어난 음소문자 체계 한글을 가진 우리가 일본을 따라갈 필요가 없다.

법적 정통성으로 보아도 19세기 말부터 대한민국의 나라 글자는 한글이다. 1894년 고종의 칙령 1호 (공문식제公文式制에 관한 것. 1894년 음력 11월 21일)에 '국문'(國文)과 '한문'(漢文)을 엄격히 구분하고 국문을 공문 기록에 기본으로 한다는 것을 밝히고 있다.

第14條　法律勅令總 以國文爲本漢文附譯 或混用國漢文
(법률과 칙령은 모두 국문을 기본으로 하고
한문 번역을 붙이거나 국한문을 혼용한다.)

1948년 공포한 대한민국 건국 직후의 '한글 전용에 관한 법률', 2005년 공포한 '국어기본법'을 보아도 우리나라의 나라글자가 한글이라는 것은 너무나 명백하다. 2004년 한문교육과 사용 관련한 위헌 소청 재판에서 헌법재판소는 "우리말을 국어(國語)로 하고 우리글을 한글로 하는 것은 국가의 정체성에 관한 기본적 헌법사항"이라고 판결한 바 있다. 최근 2016년 11월

24일 헌법재판소가 공문서나 교과서를 한글로 기록할 것을 정한 국어기본법이 위헌이라는 단체의 소송을 기각함으로써 한글이 한국의 문자라는 것에 토를 달기 어렵게 되었다. 누구도 이제 더 이상 한자를 우리의 글자라고 우겨서는 안 된다.

우리말에 맞춰 제정한, 우리말 기록에 가장 적합한 한글이 있고 국가 차원에서 공식 문자는 한글이라고 법률로 규정하고 있는데 한자를 국가 공문서나 교과서에 포함시켜 일반 국민의 문자생활에 어려움을 더해서는 안 된다. 우리의 문자가 없어 어쩔 수 없이 국가 문자로 빌려 쓰던 한문과 한자를 과거처럼 높게 받들어서도 안 된다. 한글 전용으로도 일상에 어려움이 없는데 한자를 국자로 인정하고 일상에서 교과서, 공문서, 신문 등에 날마다 쓰게 하는 것은 국민들을 다시 어려움에 빠뜨리는 일이다. 한자교육을 강화해야 한다고 주장하는 일부 사람들은 현재 국어 어휘의 반 이상이 한자어라고 하여 한자를 배우고 일상에서 혼용할 것을 주장하고 있는데, 국가가 미래사회를 향해 발전하는 길에 걸림돌과 장벽을 세우는 주장이다. 형태소 차원의 정확한 의미소 인식이 없이 단순히 한자의 훈과 음을 배워서는 한자어의 의미를 파악하기 어렵다. 한자어 의미 파악의 복잡성을 고려하면 한자는 너무나 비경제적인 문자이다. 글자도 많을 뿐만 아니라 하나의 한자는 음이 한 둘이어도 훈은 최소 5개 최대 20여 개의 훈을 가지고 있다. 한자의 결합으로 된 한자어 의미 파악은 더욱 복잡하다. 국어의 한자어의 의미를 가르치는 데는 한자의 음과 훈을 가르치지 않고도 그 낱말의 기초 의미소 설명과 여러 사용 맥락을 통해 어휘의 의미 투명도를 높일 수 있다. 발음, 표기, 의미 정보가 명확할 때 어휘 품질이 높고, 의미 투명도가 높아지는데 한자의 음과 훈을 배워도 의미 투명도는 별로 높아지지 않는다. 그럼에도 불구하고 우리 말글도 제대로 익히지 못한 기초 수준의 초등학교 교육과정에 한자를 포함하고, 모든 초등 교과서에 한자를 병기 또는 표기하고 어휘력 향상에 도움이 되지 않는 한자를 강제로 익히도록 하는 것은 불합리하고 잔인하다.

　언어 계통이 다르고 문장 구성 방식과 단어 형성법, 발음 운용까지 전혀 다른 중국어를 위한 글자인 한문으로 우리말글을 표기하고 한문 공문서를 사용하면서 우리 조상들이 겪은 불편과 고통은 말로 다 표현할 수 없다. 한문을 자유롭게 사용한 일부 사대부 계층을 제외한 일반 백성이 문자로 인해 겪은 불편과 고통을 생각하면 지금처럼 우리말을 누구나 우리 글로 쉽게 배우고 쓸 수 있다는 것은 개인 차원의 행복이고, 국가 차원의 민주주의를 떠받치는 주춧돌이 된다. 한 사회학자는 현재 대한민국의 발전을 위한 기본 바탕을 마련한 것은 전제 군주제를 버리고 민주공화국 체제를 선택한 것과 한문을 버리고 한글을 국가 문자로 정한 것이라고 했다. 그는 천 년 이상 한자 문화권의 영향을 받아 살아오면서 우리말 낱말에 한자어가 많아지고 곳곳에 한문 문화가 남아있어 한자와 한문을 배우는 것이 필요하기는 하지만, 그것만 고집하면 국가 발전이 없어 가능하면 그 영향을 줄이는 쪽으로 문자 정책을 펴는 것이 필요하다는 점을 강조한다.

　엄밀하게 말하면, 한자는 대한민국의 국가 공식 문자가 아니고 중국 글자이다. 그것도 과거의 중국 글자이다. 한자어는 순수한 우리말이 아니라 중국어에서(상당 부분 일본식 한자어에서) 유래한 외래어이다. 우리말을 말소리 그대로 표기하는 한글이 있는데 한자어에서 왔다고 해서 그 말을 굳이 한자로 쓸 필요는 없다. '텔레비전, 컴퓨터, 라디오, 피자, 호르몬' 같은 외래어를 굳이 영어, 이태리어, 독일어 문자로 'television, computer, radio, pizza, Hormon'이라고 원어만 쓰거나 '텔레비전(television), 컴퓨터(computer), 라디오(radio), 피자(pizza), 호르몬(Hormon)'처럼 병기할 필요가 없는 것과 마찬가지다. 영어의 경우 절반 이상이 라틴어, 불어 등 외국어에서 유래한 단어이지만 실제 생활이나 초등 교과서에 그런 어휘를 원어로 표기하는 경우는 없다. 일본어의 경우 운용 가능한 음절수가 지나치게 적고 가다가나와 히라가나로 쓸 때 의미 혼란 등의 여러 문제를 해결하기 위해 한자를 섞어 쓰지만, 일본어에서 한자로 써진 부분은 규정된 음으로 읽기가 어렵다. 예를 들어, 한자로 써진 이름은 어떻게 발음하는지 본인에게 다시 물어보아야 하는 불편을 감수해야 하고, 소학교 졸업 후에도 어른들이 보는 신문을 읽을 수 있는 일본 학생이 한국 학생 비율보다 현저히 낮은 것은 한자 병기나 혼용을 주장하는 분들이 마음 깊이 새겨야 한다.

한자어는 한자로 써야 이해가 되고 생각이 풍부해진다는 생각은 그 자체로도 근거가 부족하거니와 나라 말과 글의 발전을 위해서도 바람직하지 않다. 한자와 한문 방식을 버리고 한글과 우리말 방식으로 쓰고 생각하는 것이 창의적이고, 세계 문화 다양성에 이바지 하는 일이다. 과거 터키는 자신들의 문자가 없이 위구르 문자를 빌려 쓰다가 10세기경부터 아랍 글자를 받아쓰기 시작했는데, 그 결과 터키 토박이말은 점점 줄어들고 아랍어가 많이 쓰이게 되었다. 아랍어를 높이 받들고 터키 토박이말을 천시하는 것이 우리 사정과 비슷했다. 그러나 터키 공화국 설립 후에 정교분리, 교육개혁과 함께 문자 개혁을 단행해서 1928년 11월 의회에서 언어개혁법을 만들었다. 로마자를 변형한 글자를 도입하고, 아랍이나 이란 계통의 언어 사용을 억제하고, 헌법을 터키어로 고치고, 학교와 관공서에서 터키 말 술어를 사용하도록 하고, 일반인들에게도 쉬운 터키말 사용을 권장하면서 터키 토박이말과 방언이 살아났다. 1928년에 터키어 사전에서 토박이말은 38%에 불과하고 아랍어, 이란어가 58%를 차지하던 것이 1966년에는 토박이말은 54%로 늘고 외래어는 31%로 줄어들었다.2) 아랍어가 지배하던 국민들에게 민족 중심의 혁명 정신을 강조하고 문자를 개혁함으로써 아랍어 비율이 줄고 토박이말이 되살아난 것이다. 그 덕분에 터키 국민들의 문맹률이 낮아지고 전통 터키 문화가 되살아났다. 우리 한글로 공문서와 교과서를 기록하는 것은 단순히 내용만 한글로 기록하는 것이 아니라, 국민들의 문맹률도 낮추고, 사고와 정신도 우리 방식으로 형성하게 만들고, 토박이말의 발전도

---

2) 이선근(1969), 토이기의 문자 개혁과 언어 정화 운동 「한글」 143호. 165-192 참조

촉구한다는 점에서 초등 교과서를 한글로만 기록하는 것은 우리 말글 정체성 확립을 위해서 양보할 수 없는 핵심 문자 정책이다.

3. 학습자 부담 가중과 한자 사교육 팽창 문제

과거 세계화, 정보화를 정부가 추진하면서 초등학교 교육과정에 영어를 도입할 때, 정부는 학교 정규 교과목으로 영어를 설정하고 교육하면 영어 사교육이 줄어들고 교육의 빈부격차가 해소될 것으로 발표했지만 실제 나타난 결과는 정부의 예측과는 반대로 나타났다. 초등 한자를 교육부가 정하고 교과서에 한자를 병기하게 되면 사교육을 줄이고, 무분별한 한자 교육의 수준을 적정화할 수 있다고 말하고 있으나 초등학교 교육과정에 한자를 포함하고 교과서에 한자를 표기하게 되면 조기 한자 교육 열풍이 일어나고 학부모들은 본인의 의지와 상관없이 돈을 들여 한자 사교육을 할 수밖에 없게 될 것이다. 전국의 초등 교사를 대상으로 한 설문조사에서 교과서에 한자를 병기하게 되면 한자 선행학습이 일어날 것이라고 94.1%의 교사들이 예측했다. 교과서 한자 병기가 사교육 팽창으로 곧바로 이어질 것임을 교사들은 현장 경험으로 알고 있다. 정부의 주장과 달리 정부가 한자 교육 강화를 발표한 이후 무한으로 늘어나고 있는 민간 한자 급수 시험 증가 추이를 보면 교과서 한자 표기가 이루어지면 한자 사교육이 얼마나 더 늘어날지 알 수 없다.

현재도 초등학교에서 방과 후 학습이나 창의체험 학습에서 한자를 가르치고 있다. 한자 교육 강화를 노리는 사람들이 이에 만족하지 않고 모든 초등 국정 교과서에 한자를 병기하거나 표기하도록 하여 한자 위상 강화를 꾀하고 있는데 이는 초등학생의 학습량이나 학부모의 사교육 부담을 고려할 때 허용해서는 안 될 일이다. 필요하다면 초등보다는 중고등 학교나 대학에서 한자 교육을 강화하는 것이 좋다. 국민 공통 교육으로 필요한 한자 교육은 중학교, 고등학교에서 하고, 대학에서 한문과 관련한 전공으로 나아갈 사람들은 선택적으로 한자와 한문을 더 공부하도록 해야 한다. 중고등학교 교육용 한자 1800자도 국어 어휘 체계 안에서 의미 투명도와 새로운 어휘 생산성에 기여하는 정도를 고려하여 다시 정해야 한다. 과거 교육용 한자를 정할 때 학습자들의 교과 내용이나 수준, 국어 어휘 체계 안에서 기능 부담량 등에 대한 기초 조사 없이 중학교용 900자, 고등학교용 900자를 정했는데, 국민 공통 교육용 한자는 기초 조사와 면밀한 분석과 검토를 거치고 전문가 협의 과정을 거쳐 다시 정해야 한다.

현재 초등학교 교과목마다 정해진 학습 어휘의 난도 적정성을 조사해서 일부 교과에 사용하고 있는 지나치게 어려운 용어는 쉬운 우리말로 순화해야 한다. 교과서에 사용된 낱말 가운데 한자어가 많으므로 한자를 배워야 한다고 주장하기 전에 한자어를 쉬운 학습용어로 바꾸려는 노력이 먼저 있어야 한다. '노랫말'이라고 하면 될 것을 '가사'라고, '거품'이라고 하면 될 것을 '기포'라고, '이바지'를 '공헌'이라고, '실마리'라고 할 것을 '단서'라고, '눈동자'를 '동공'이라고, '섬'을 '도서'라고, '돌칼'을 '석도'라고, '가게'를 '점포'라고, '흙'을 '토양'이라고, '마감'을 '기한'이라고, '돈'을 '화폐'라고, '흠'을 '결함'이라고, '물통'을 '수조'라고, '바다'를 '해양'이라고, '시작'을 '개시'라고, '들꽃'을 '야생화'로, '보기'를 '사례'라고, '뒤떨어지다'를 '낙후되다' 등으로 초등학교 교과서에 표기하고 있다.3) 이렇게 한자어를 교과서에 무작정 쓰고, 한자어이니까 한자 표기가 필요하다고 주장하는 것은 말이 안 된다. 초등 수준에서 지나치게 어려운 한자어는 쉬운 우리말로 순화해서 교과서에 싣고, 우리 아이들이 기초 우리말을 먼저 익히도록 도와주는 것이 국정 교과서 만들 때 정부가 할 일이다.

---

3) 이관규 외(2016), '교과서 어휘의 우리말 순화 정책 연구' 중간보고서. 교육부. 참조.

4. 미래 사회 대비 문제

　21세기 인류는 '정보화, 세계화'로 일컬어지는 문명의 혁명기를 맞고 있다. 인터넷과 스마트폰으로 대변되는 정보 혁명은 불과 한 세대 전에 상상도 못하던 일들을 가능하게 만들고 있다. 요즈음의 폭발적인 지식 증가와 정보 소통 발달로, 문자의 발명, 인쇄술의 발달을 전후해서 나타났던 세상의 변화보다 더 엄청난 변화와 기존 질서의 붕괴가 일어나고 있다. 이 급변하는 시대에 우리 후손들이 적응하지 못하면 한국은 후진국으로 떨어지는 것은 물론 생존하기도 힘든 어려운 형편에 처하게 될 것이다.
　선진 각국에서는 21세기는 변화에 맞추어 사회와 국가 발전을 위해서 공동체 구성원들의 핵심 역량을 강화하는 것을 국가의 중요한 목표로 삼고 있다. 미래사회를 대비해서 21세기 핵심 역량을 길러야 하는 시대에 초등학교부터 한문과 한자 교육을 강조하여 미래 사회에 정작 중요한 것을 배우는 시간을 빼앗는 것은 시대의 흐름에 역행하는 일이다. 미래 사회는 과거 산업 사회에서 쌓은 지식과 비교할 수 없을 정도로 많은 정보, 새로운 지식과 정보가 우리 사회에 유입되고 지금까지 경험해 보지 못한 새로운 세계로 사람들을 이끈다. 학생들이 학습하고 소통해야 하는 것들은 과거와는 전혀 다른 방식과 차원으로 이루어진다. 대부분의 정보는 인터넷을 통해서 소통이 이루어지고 있다. 현재 인터넷 정보는 80% 이상이 영어로 되어 있다. 국가 차원에서 영어교육을 강화하는 것과 동시에 위축되기 쉬운 우리말을 지키고 발전시켜야 할 시대적 과제가 생겼다. 이런 상황에서 배우기 어렵고 소통하기 어려운 한자를 초등학교부터 강요하는 것은 우리 아이들의 미래 사회 대비 능력을 떨어뜨리고 뉴미디어 소통 시대에 역행하는 일이다. 우리 아이들이 급변하는 세계에서 수많은 정보를 전자 정보 매체를 이용해 찾아 해석하고 선택하여 적절하게 이용하는 능력을 키우도록 해야 하는데 한자는 이런 정보 문식력에 별 도움이 되지 않는다. 한자를 배우면 중국이나 일본 사람 등과의 소통이 원활해지고 문화를 공유할 수 있다고 하지만, 우리가 사용해 온 한자로는 중국과 일본 사람들과 소통하는 것이 극히 제한적이다. 중국의 부상을 생각하면 한자를 배울 것이 아니라 우리 아이들이 현대 중국어를 배우도록 해야 한다.

  21세기 말에는 현재 존재하는 세계 언어 중에서 대여섯 개의 언어만 살아남을 것이라고 미래학자들은 예측하고 있다. 정보화, 세계화 영향으로 영어를 비롯한 강대국 언어에 눌려 위축되기 쉬운 우리말을 잘 지키고 발전시키는 일은 너무나 중요한 과업이다. 영어 선호 환경에서 우리 아이들이 우리말을 소중히 여기고 우리말답게 가꾸는 마음을 갖고 실천하도록 초등학교부터 교육해야 한다. 초등학교 모든 국정 교과서에 한자를 표기하고 한자 교육을 강화하면 이런 마음과 노력은 기대하기 어렵다. 과거의 한문 문화의 영향을 받은 한자어도 완전히 배제하기 어렵고 국제화 시대에 영어와 중국어 등 외국어의 영향을 받아 우리말에 들어오는 외래어를 전적으로 배제하기는 어렵다. 다만, 우리말을 두고도 으스대며 한자와 한문을 사용하고, 영어로 설명하는 일들이 걷잡을 수 없을 정도로 일어나게 해서는 안 된다. 최근에 유선 방송이나 인터넷 신문에 등에서 거친 말과 외국어 사용이 늘어나고 있다. 국민 모두 품격 낮은 말과 함부로 사용하는 외국어 표현들을 우리말의 참 맛을 느낄 수 있는 표현으로 바꾸어 쓰고, 잘 다듬어서 우리 후손들에게 물려줄 각오가 있어야 한다. 한자어와 외국어를 배제하지 않으면서도 우리말의 맛과 멋을 살리고, 다양하고도 품위 있는 언어문화를 꽃피울 수 있게 해야 한다. 한 나라의 말과 글은 국민의 얼이 되고, 자부심이 되고, 또한 나라의 문화 바탕이 된다는 것을 명심해야 한다.

III. 국어 순화의 원칙과 방향

1. 우리말의 생명력을 살리는 순화

'순화(醇化)하다'는 사전적으로 '「동사」 잡스러운 것을 걸러서 순수하게 하다.'의 뜻을 가지고 있다. 국어 순화는 첫째, 우리말 가운데 거칠고 비속한 말을 다듬어서 아름답고 품격 있는 말로 만드는 것이고, 둘째, 한자어 등의 외국어가 우리말과 함께 쓰일 때 그런 말을 걸러서 순수하게 만드는 것이다. 두 가지 국어 순화 모두 미래 사회 국어 발전을 위해 꾸준히 추진해야 할 과제다. 여기서는 교과서 한자 표기와 관련해서 한자어를 순화할 때를 중심으로 국어 순화의 원칙과 방향에 대해서 논의하기로 한다.

현재 우리 사회에 쓰이는 한자어는 그 유래로 나누어 보면, 다섯 가지로 나눌 수 있다. 첫째, 중국 고대어(문헌)에서 유래한 어휘, 둘째, 불교 경전의 한자 번역, 셋째, 중국의 구어인 백화문(白話文), 넷째, 서구 개념어를 한자어로 번역한 일본의 근대어, 다섯째, 우리 언어생활 속에서 만들어진 한국식 한자어이다.[4] 오랜 세월 동안 여러 갈래로 우리 사회에 뿌리내린 이런 다양한 한자어를 모두 순 우리말로 바꾸는 것은 불가능하고 바람직하지도 않다. 다만 한자어 가운데 지나치게 어렵거나 언어생활에 오히려 불편이나 지장을 주거나 하는 한자어들은 한자 학습과 표기로 해결할 것이 아니라 기초 조사와 면밀한 검토 과정을 거쳐서 우리말로 순화하는 것이 필요하다.

한자와 한문으로 천년 이상 문자 생활을 해 오면서 생긴 가장 큰 폐해는 한자의 위세에 밀려 우리말이 새 말 만드는 힘이 약해진 것이다. 국어 순화는 외국어나 한자어를 우리말에서 무조건 쫓아내는 것이 초점이 아니라 지

---

4) 진류(3012), 「한국 한자어 연구」 영남대학교 출판부. 배문정(2016), 한자어 교육의 인지과학적 고찰. 한글문화연대. 570돌 맞이 한글문화토론회. 9-40 재인용.

금부터라도 우리말의 생명력, 조어력을 살려 내는 데 초점을 맞추어야 한다. 사라진 우리의 옛말이나 방언에서 활용할 의미소를 찾고, 이미 쓰이고 있는 국어 형태소들을 잘 활용해서 일반 사람들도 쉽게 이해하고 받아들일 수 있는 새 낱말들을 만들어야 한다. 지금까지 무분별하게 만들어 쓰고 사전에까지 올린 어렵고 난해한 한자어 낱말들을 쉬운 우리말로 바꾸어야 한다. 수많은 한자 동음어 가운데 우리말 낱말이라고 인정할 수 없는 것들은 사전 표제어에서 제외하고, 인정할 수 있는 것도 가능하면 동음어가 생기지 않도록 정비하고 이해하기 쉽고 효율적인 말로 바꾸어야 한다. 특히 새로 들어온 외국어를 우리말로 바꾸거나 새로운 개념이 필요할 경우, 굳이 한자를 사용해서 새로운 낱말을 만들 것이 아니라 가능하면 우리 토박이말을 활용해서 그 개념에 알맞은 새 낱말을 만들어야 한다. 쉬운 한자 어휘소를 함께 쓸 수도 있다. '꼬리풀기, 끼어들기, 사다리꼴, 도시락, 징검다리휴일, 앞구르기, 틈새시장, 먹거리, 갑상샘' 등의 사례들은 잘만 하면 쉽고, 편한 새말을 만들어 정착시킬 수 있음을 보여주는 좋은 본보기다.

　한자는 기본적으로 상형문자이므로 의미를 축약하는 힘이 소리글자인 한글보다 크다. 그래서 의미 개념을 낱말로 바꿀 때 음절의 수가 줄어드는 장점이 있다. 그래서 지금까지 신개념 한자어를 많이 만들어 쓰게 되었는데, 그 결과 한자어 동음어가 많이 생기는 부작용이 나타났다. 한문과 한자를 숭상하는 마음이 그 부작용을 더 키웠다. 이들 동음어들은 발음이 같으므로 한글로 표기하면 구분이 안 되는 경우가 생길 수밖에 없다. 한자 동음어를 구분 못한다고 한자 표기를 강행할 것이 아니라, 한자를 쓰지 않고도 그 개념들을 명확하게 알 수 있도록 순화하는 일을 해야 한다. 실제 국어사전에 실린 한자어들을 보면 최근 수십 년 동안 한 번도 사용되지 않은 단어들이 많다. 최근 외래어 '로고'를 우리말로 뭐라고 순화할까 하고 사전을 찾아보았더니, '로고타이프의 준말'로 되어 있어, '로고타이프'를 검색했더니, "「1」 여러 개의 활자를 한 개의 활자로 주조한 것 ≒ 연자(連字). 「2」 둘

이상의 문자를 짜 맞추어 특별하게 디자인하거나 레터링한 것. 회사의 이름이나 상품의 이름에서 흔히 볼 수 있다."로 뜻풀이 되어 있었다. 다시 '연자(連字)'를 찾았더니 "연자=연귀자, 연자('칼새'의 경남 방언), 연자(姸姿, 곱고 아름다운 자태), 연자(衍字, 군더더기 글자), 연자(硏子, '연자매'의 북한어), 연자(連字=로고타이프), 연자(蓮子, 연밥), 연자(燕子, 제비)" 여덟 개의 낱말이 올라 있었다. '칼새, 연밥, 제비' 등 우리말을 쓰면 굳이 한자로 쓰지 않아도 될 한자어들이 동음어로 사전 목록에 올라 있는 것을 확인할 수 있었다. 한자를 사용해서 외국어를 순화할 것이 아니라 가능하면 우리말을 사용하고, 이미 만들어진 한자어 가운데 불편한 한자 동음어를 줄이는 방안을 먼저 찾아야 한다.

순 우리말을 사용해서 외국어나 한자어를 순화하되 그것이 어휘 차원에서 머물러서는 안 된다. 구와 절 단위의 표현, 나아가서 문장 표현까지도 우리말다운 표현을 사용하도록 하는 방향으로 순화가 이루어져야 한다. 아침 인사를 '좋은 아침'이라고 하는 사람이 있는데, 이는 우리식 인사법과 우리말 특성을 거스르는 인사말이다. 영어는 명사구 표현을 선호하지만, 한국어는 동사구 표현을 선호한다. 'Good job!' 대신에 '잘했어!', 'Good boy!' 대신에 '착하기도 하지!'라고 하는 것이 우리말다운 표현이다. '심각한 부족 상황을 겪었다.'는 '너무 많이 모자랐다.'라고 쉽고 짧게 바꿔 말하는 것이 더 우리말답다. 이미 앞선 국어 순화 연구자들이 자주 지적한 바 있지만, 일본어식 표현들도 우리말답게 순화하는 것이 좋다. '회장으로서의 임무'→'회장(의) 임무', '관광지에서의 불법행위'→'관광지에서 일어나는 불법행위', '선진 사회로의 도약'→'선진 사회로 가는 도약', '해외로부터의 뉴스'→'해외에서 온 뉴스' 등과 같이 우리말에 어울리는 표현으로 순화하는 것이 중요하다.

최근 신문, 잡지 방송 등에서 영어를 우리말에 섞어 쓰거나 엉터리 영어 표현이 많아지고 있는데 단순히 단어 하나를 외국어로 쓰는 것보다 영향이

커서 문제가 된다. '뇌섹남', '뇌섹시대 문제적 남자', '걔 정말 아동틱하다.' 와 같은 표현이 쓰이고, 방송 프로그램이나 책 이름으로도 쓰이는데 우리말 표현 방식과 어울리지 않는다는 점에서 순화가 필요하다. '뇌섹남'은 국어사전에 실려 있지 않고 언뜻 의미도 파악하기 어렵다. 인터넷 사전 설명을 참조하면, "'뇌가 섹시한 남자'를 줄여 이르는 말. 주관이 뚜렷하고 언변이 뛰어나며 유머러스하고 지적인 매력이 있는 남자를 가리킨다."5) 이런 말들은 청소년들 사이에 일시적 일탈이 아니라, 공공 방송에서 사용하고 책 이름으로도 쓰인다는 점에서 문제가 된다. 우리말을 혼란스럽게 만들 뿐만 아니라 우리말의 기본 쓰임 원리를 어긴다는 점에서 문제가 심각하다. 한자 접미사 '-적(的)'을 지나치게 많이 사용하는 것도 피하고, 이미 쓰인 것도 다른 말로 가능하면 순화하는 것이 좋다. '자유민주적 질서'가 아니라 '자유 민주주의 질서'라고 순화하고, '마음적으로도 아픈 면이 있지.' 이런 표현은 '마음도 아프지.'라고 간명하게 고쳐 말하는 것이 중요하다. 영어 번역 대회에서 'My mother was a good shopper.'를 번역하라고 했더니 대부분의 참가자가 '나의 어머니는 주의 깊은 구매자였다.'라고 번역했다고 한다. 최고 점수를 받은 번역자는 '우리 엄마는 알뜰살뜰 장을 보셨다.'라고 번역했다고 한다. 같은 영어 문장을 번역이지만 뒷문장이 훨씬 된장찌개 냄새가 나는 우리말다운 번역임은 두말할 필요가 없다.

2. 국민 생활의 편의와 미래 사회를 위한 순화

국어를 순화할 때 순 우리말, 토박이말을 살려서 순화하는 것이 바람직하지만 우리 국민들의 듣기, 말하기 읽기, 쓰기 등의 언어 실태를 조사해서 기능부담량이 큰 한자어들을 순화 대상으로 잡아 고치겠다고 무리를 해서

---
5) 인터넷 포털 사이트 '네이버 사전' 참조.

는 된다. 국어를 순화한다고 모든 한자어를 무조건 우리말로 바꾸는 것은 불가능하고 억지로 토박이말로 바꾸려고 하면 국민들의 언어생활을 불편하게 만들고, 국어 표현이 지나치게 길어지거나 어색해지는 경우가 있다. 우리말과 한자어가 동의어라도 서로 어감 다르거나 미세하게라도 의미역이 달라졌을 경우 한자어를 못 쓰게 하면 정교하고도 다양한 표현을 못하게 하는 문제가 생긴다. 최근 교육부 초등 교과서 어휘 우리말 순화 연구 중간 보고서에서 '낙엽'을 '진잎'으로, '미소'를 '작은/옅은 웃음'으로, '대출'을 '빌림'으로, '전염병'을 '돌림병'으로, '추가'를 '덧붙임'으로, '휴게소'를 '쉬는 곳'으로 순화하는 것이 좋다는 안을 냈는데 이런 방식의 국어 순화는 문제가 될 수 있다. '낙엽'을 '진잎'으로 순화하자고 해도 받아들일 사람이 거의 없을 것이고, '전염병'을 '돌림병'으로 되돌리기도 어렵다. 더 문제가 되는 것은 한 언어의 어휘 체계는 각 낱말이 따로 있는 것이 아니라 서로 의미망으로 연결되어 있는데, 의미망과 통사적 결합을 고려하지 않은 단순 낱말 차원의 순화는 부작용을 낳을 가능성이 높다. '추가주문'을 '덧붙임주문'으로 하기 어렵고, '은행대출'을 '은행빌림'으로 바꾸기 어렵다. '고속도로휴게소'를 '고속도로쉬는곳'으로 하기도 곤란하다.

생활 체계 속에서 굳어지고 단단히 뿌리내린 한자어들은 이미 우리말이 되어 생명력을 강하게 가지고 있으므로 억지로 순화하려는 마음을 내려놓아야 한다. 다시 말해, 생활 속 널리 쓰이는 한자어는 우리말에 녹아들어 한자로 어원을 설명하거나 한자로 굳이 표기하지 않아도 뜻이 분명하게 드러나는 어휘들이다. 한자어는 한자로 표기할 필요가 없을 뿐이지 억지로 순우리말로 바꿀 필요가 없다. '차를 마시다'의 '차(茶)'나 밥을 먹을 때 함께 먹는 '반찬(飯饌)' 등은 순 우리말로 바꾸는 것이 거의 불가능하고 한자어라는 느낌도 거의 없어진 낱말들이다. '물건(物件), 세상(世上), 우주(宇宙), 교통(交通), 모양(模樣), 병(病), 비밀(秘密), 표현(表現), 전문(專門), 세금(稅金), 짐작(斟酌), 동서남북(東西南北)' 등의 우리 삶에 널리 쓰이는 낱말들은 한자어인데 버리고 순 우리말로 바꾸라고 하는 것은 불가능하고 그럴 필요도 없다. 과거 애국애족 운동의 하나로 국어사랑 운동을 펼쳐서 해방 후에 일본식 표현을 몰아내고 국어를 순화하는 데 크게 이바지했지만 현재까지 살아남은 일본식 한자어를 절대 용납할 수 없다는 것도 이제 마음을 바꾸어야 한다. 일본 한자어에서 왔지만 지금까지 국어 안에서 담당하는 기능 부담량이 큰 한자어는 중국어에서 온 한자어와 마찬가지로 앞으로도 계속 국어 안에 살아 있을 것이다. 교과서 어휘 순화 연구팀이 순화 대상으로 찾은 일본식 한자어 가운데 '고객, 구입, 입구, 견학, 면적, 건포도, (고/저)임금, 시합' 등은 다른 말로 바꾸기도 없애기도 어려운 낱말들이다. 일본어식 한자어들을 되도록이면 사용하지 않는 것이 좋고, 일부러 어려운 일본식 한자어를 찾아 쓸 필요가 없지만 완전히 뿌리내린 것을 순화한다고 못쓰게 할 필요도 없다. 중국에서 온 한자어이든 일본어에서 온 한자어이든 자주 쓰이는 낱말은 살아남을 것이고 안 쓰이는 희귀 한자어는 미래에는 저절로 사라지거나 고어로 분류될 것이다.

한자 어휘소 가운데 우리말의 생성력에 도움이 되는 것들은 살려 쓰는 것도 순화의 한 방법이 될 수 있다. 특히 새로운 낱말을 만들 때, 한자 파생 접사들 가운데 어휘생성력이 강한 것들은 살려 쓸 필요가 있다. 예를 들어, '생과자, 생감자, 생오징어, 생태' 등에 쓰이는 접두사로서 '생(生)-'은 한자에서 온 것이지만 한자 밖의 다른 어근들과 어울려 새로운 단어를 만드는 힘이 강하다. '생떼, 생고생, 생크림'과 같이 한자어뿐 아니라 토박이말이나 영어 하고도 어울려 새 단어를 만든다. '생감자'를 '날감자'로, '생고기'를 '날고기'라고 바꿀 수 있다고, '생떼, 생크림, 생태'등의 '생'까지 '날'로 바꿀 수는 없다. 최근에 화장하지 않은 얼굴을 '생얼굴(생얼)'이라고 하는 젊은이들이 많은데 굳이 막을 필요가 없다는 생각이 든다. '의복(衣服)'을 순화해서 '옷'으로 바꿀 수 있다. '의복을 손질하다/갈아입다/갖춰 입다'를 '옷을 손질하다/갈아입다/갖춰 입다'로 바꾸는 것은 우리말을 살린다는 점에선 바람직하다. 그런데 '의복'을 '옷'으로 순화한다지만 그런다고 낱말 '의복'이 사라지지 않을 것이고, 접미사 형태로 '양복, 한복, 제복, 평상복, 작업복'과 같이 낱말들을 만드는 것을 막을 필요는 없다. 영어에 라틴어 어근이 어휘 의미소로 쓰이는 것처럼 한자의미소를 우리말 어휘 생성에 의미소로 쓰이는 것은 자연스럽고 금지할 필요가 없다.

그런데, 우리 조상들이 한자를 빌려 쓴 탓에 많은 한자어가 우리말에 들어오고, 지금도 한자 어휘소들이 우리말에 갖는 위상이 크지만, 한자를 중시해야 한다고 주장하는 사람들이 놓치고 있는 부분은 앞으로 수천 년 우리 후손들이 세계 각국의 사람들과 세계 각국의 언어로 소통하면서 살아가야 한다는 점이다. 과거 우리 글자가 없을 때, 중국 문화권의 영향을 받아 중국 문자인 한자를 사용했으므로 앞으로도 한자를 중시해야 국제화, 세계화가 이루어진다고 보는 것은 설득력이 없다. 현재는 인터넷과 스마트폰으로 상징되는 정보 혁명 시대이다. 대부분 인터넷으로 소통되는 정보가 영어로 만들어지고 소통된다는 점에서 빠른 속도로 영어 낱말과 영어식 표현이 한국어에 들어올 것이다. 과거 역사와 관습에 집착해서 한문과 한자를 고집하는 일은 없어야 한다. 미래 사회에 영어를 비롯한 외국어를 사용하면서도 어떻게 효과적으로 국어를 지키고 발전시켜 나갈 것인지 고민하면서 국어 순화를 추진해야 한다. 최근 교육부 교과서 어휘 순화를 위한 정책 연구에서 인터넷 '아이디'를 '계정(計定)'으로, '카메라'를 '사진기'로, '컴퓨터'를 '슬기틀'로, '배터리'를 '축전지(蓄電池)'로, '리모컨'을 '원격(遠隔)조종기(操縱器)'로, '그래프'를 '그림표'로 순화하는 방안이 나왔는데, 이는 바람직하지 않다고 본다.6) 굳이 세계적으로 널리 쓰이는 '아이디'를 버리고 어려운 한자어로 '계정(計定)'이라고 쓸 필요가 없다. 컴퓨터, 텔레비전, 카메라, 인터넷, 스마트폰 등 21세기 현대 문물은 미국을 중심으로 한 서구 국가들이 앞서 있으므로 그 흐름을 완전히 거스르기 어렵다. 이들 영어 낱말들을 순

---

6) 이관규 외(2016) 30-50 참조.

우리말이나 한자어로 바꾸는 것은 쉽지 않을 뿐더러 바람직하지 않다. 국립국어원에서 '인터넷'을 '누리그물(망)'으로 순화했지만 순화한 말이 정착할 가능성은 거의 없어 보인다. '그래프, 마스크, 호텔, 스위치, 라면, 호르몬, 크레용, 솔로, 하이힐' 등 외래어는 그 유래가 어디든 우리말이 되어 이제 순 우리말로 바꾸기는 쉽지 않다고 본다. 우리말을 가꾸고 지키는 자세와 노력도 중요하지만 국민 언어생활을 위해서 어느 것을 살리고, 어느 것을 순화하고, 어느 것을 어휘 목록에서 삭제할 것인지 체계적으로 조사하고, 국민 생활 편의와 미래사회 대응 능력을 고려하는 차원에서 국어를 순화해 가야 한다.

3. 공공기관과 민간단체가 함께 하는 순화

언어는 사회 속에 살아있는 생물과 같아서 그대로 두면 저절로 변화하고 문제가 해결될 것이므로 국가 차원의 정책으로 그것을 조정하거나 민간 운동 차원의 인위적 노력을 해서는 안 된다고 주장하는 사람들이 있다. 이들은 이른바 자연주의 언어 철학을 내세우고, 때로는 지나간 과거 언어에 가치를 더 두는 복고주의 경향을 보이기도 한다. 이런 사람들은 영어가 세계어가 된 것은 여러 외국어를 배척하지 않고 수용한 결과라고 보거나, 대부분의 나라가 국가 차원의 순화운동을 하지 않는다고 말하기도 한다. 우리말 살리기 운동을 하는 사람을 국수주의자로 몰고, 국가 차원에서 언어 사용에 개입해서는 안 된다고 주장한다. 세계화와 국제화를 이루기 위해서는 민족어를 고집해서는 안 된다고 주장한다. 나아가서 영어를 한국의 공용어로 지정해야 한다는 주장을 하기까지 한다. 그런데 이런 주장은 세계 민족 언어 역사를 깊이 공부하지 않은 사람들이 실상을 모르고 하는 말이다.

말과 문자는 한 사람 한 사람이 말하고 글 쓰는 것이지만, 사회나 국가 차원에서 말과 문자는 사회와 국가 전체의 공공재이고 자산이다. 아무리 좋은 의도와 열의를 가졌더라도 어느 한 사람이나 단체의 노력으로는 국어 순화의 목적을 달성하기 어렵다. 국가 차원의 언어 발달과 순화를 위한 정책이 중요하다. 국가 차원의 언어 정책이 국민들의 언어 의식과 언어 변화에 얼마나 강력한 영향을 끼치는가는 여러 언어의 과거 역사를 보면 쉽게 알 수 있다. 만주어 사례를 보면 민족어가 없어지면 민족도 사라진다는 것을 잘 보여주며, 터키를 보면 민족어 살리면 국가와 민족이 어떻게 되살아나는지도 보여 준다. 현재도 프랑스, 독일, 핀란드, 노르웨이 같은 나라들은 영어에 자기 말이 휩쓸리지 않도록 국가 차원에서 엄청난 노력을 기울이고 있다. 미국처럼 강력한 국가도 군사 정책, 경제 정책과 함께 영어 정책을 미래 3대 정책 과제로 세우고 있는데 인위적으로 국어 발전을 위한 정책과 국어 순화 정책을 펴지 말라는 것은 무책임하기 그지없다.

'꽃밭을 확실하게 망치려면 꽃밭을 되는대로 내버려두라.'라는 말이 있다. 예쁜 꽃을 보려면, 잡초도 뽑고 거름도 주고 병충해도 방제해 주어야 한다. 우리 국어 순화 운동이 실제 열매를 거두기 위해서는 언어를 쓰는 대로 내버려 두는 것이 아니라 국가 차원에서 법과 제도를 만들고, 언어 정책을 책임지고 시행할 기관을 세우고, 방송과 신문 그리고 인터넷 등 매체 언론과 교육과정과 교과서를 비롯한 교육 영역에서 끊임없는 순화 정책을 시행해야 한다. 민간 차원에서도 다양한 사회단체들이 국어 순화에 관심을 가지고 참여하도록 유도해야 한다. 우리말에서 '자승(自乘)'을 '제곱'으로, '능형(菱形)'을 '마름모꼴'로, '원추(圓錐)'를 '원뿔'로, '극서주(極徐奏)'를 '아주느리게'로 바꾸어 뿌리내리게 된 것은 해방 후 정부 차원에서 애국애족 차원에서 여러 선각자들이 우리말 순화 운동을 펼치고, 전문가들이 제안한 순화어들을 학교와 신문, 방송을 통해 적극적으로 가르치고 활발한 민간 운동이 있었기에 가능한 일이었다.

일제 강점기에 애국애족 운동, 독립운동의 하나로 국어를 아끼고 연구하고 가르치던 정신은 이제 더 이상 우리 사회에서 찾아보기 어렵게 되었다. 일본식 한자어 표현을 몰아내자는 이야기도, 겨레말을 살려내자는 외침도 들을 기회가 거의 없다. 신문과 방송, 인터넷 방송이나 신문, 온라인 사회 통신망(SNS)에서 쓰이는 말을 들어보면 국어를 국어답게 지키고 가꾸려는 생각이 없어 보인다. 한문과 일본어의 영향에서 우리말을 지키던 둑이 무너지고, 영어가 해일이 되어 몰려오는데도 막아줄 방파제가 없다. 국어기본법이 있지만, 실제 국어사용에 강제할 수 있는 시행령이 아직 제대로 만들어지지 않아 그런지 국어기본법을 어겨서 제재를 받았다는 개인이나 단체에 대해서 들어본 적이 없다. 과거 한문으로 우리말을 억누르고 우습게 깔보던 사람들이 여전히 사회 지도층 가운데 많이 남아 있고, 최근에는 공공연하게 영어 표현을 사용하면서 으스대거나 엉터리 영어 표현을 방송이나 인터넷 매체에서 퍼뜨리는 사람이 점점 많아지고 있다.

21세기 말에 우리말이 제대로 생명력을 가지고 존재할 수 있을 것인가를 심각하게 고민할 때가 되었다. 문화체육부, 교육부 등에서 나뉘어 담당하고 있는 현재 국어 정책을 책임 있게 다룰 수 있도록 담당하는 정부 부서를 일원화하고, 현재 국립국어원을 대통령 직속 기관으로 승격하고, 제대로 국어 발전과 순화를 위해 일할 수 있도록 예산과 연구 인원 등을 큰 폭으로 늘려야 한다. 그래서 국어원이 일상용어와 전문용어 전반에 걸쳐 기초 조사도 하고, 장기적인 국어 순화와 발전을 위한 정책을 세워 시행하도록 해야 한다. 그리고 국가 기관이나 공공 단체에 영역별로 국어순화 문제를 다루는 담당자를 두어 체계적이고도 장기적인 국어 조사와 개선 작업이 이루어지도록 해야 한다. 최근 심각해지고 있는 청소년 비속어와 폭력적 언어 사용에 대한 문제, 외국어 남용 문제, 다문화 가정 국어 문제, 한자 표기 문제 등 우리 사회 전반에 걸친 언어 정책을 세우고 시행할 수 있도록 법을 제정하고 제도를 보완하는 일이 절실하게 필요한 시기가 되었다.

Ⅳ. 맺음말

　사람이 말을 만들고 말을 함께 사용하는 사람들이 그 말을 기록하기 위해서 문자를 만들었다. 말과 문자는 그것을 사용하는 사람들의 역사와 문화와 함께 변화하고 발전해 왔다. 국어도 수 천 년 동안 우리 민족과 함께 발전해왔고, 세종대왕께서 우리말을 기록할 한글을 만들어 1446년에 반포하시고, 1894년에는 공문에 언문(諺文)을 기본으로 사용한다는 고종 칙령이 반포되고, 해방 후에는 한글전용법이 만들어지고, 21세기 들어 국어기본법 등이 만들어지면서 한글전용이 제대로 자리 잡았다. 그런데, 최근 한자 중시하는 사람들이 초등교과서에 한자를 병기하려고 시도해서 한동안 시끄러웠다. 또 한자가 한국어를 기록하는 국가 문자라고 주장하는 사람들이 '국어기본법'이 위헌이라고 소송을 제기해서 논란이 일었었다. 이 모든 시끄러운 소동의 중심에 한자어와 한자가 있다.
　이 글에서는 교과서 한자어를 한자로 표기하거나 병기할 때 생기는 문제점을 검토하고, 근본적으로 한자어 한자 표기 논란을 잠재우기 위해서는 한자어를 순화해야 한다는 점에서 국어 순화의 원칙과 방향에 대해서 논의했다. 국어 순화는 국가 정책 차원에서 체계적으로 이루어져야 함을 강조하고, 우리말의 생명력을 살리는 방향에서, 우리말에 뿌리내린 한자어는 살려 쓰면서 우리 후손들이 미래사회에 대비할 수 있는 힘을 기르면서도 우리말을 지키고 발전시킬 수 있는 방법으로 이루어져야 함을 강조했다.
　영어에 휩쓸리지 않으려고 비영어권 국가들이 기울이는 언어정책을 보면 우리도 우리 국어를 지키고 발전시킬 수 있는 방안을 마련해야 한다. 인터넷과 스마트폰으로 대변되는 정보혁명 시대에 새로운 소통 방식에 따르는 문제점을 해결하면서 국어를 품격 있고 효율성이 높은 언어로 가꾸기 위해서는 각양 각층의 사람들의 노력이 필요하다. 이른바 국한문혼용파와 한글전용파로 갈리어 감정싸움으로까지 번져 상극으로 맞서던 것을 이제

상생하는 분위기로 바꾸어 어떻게 하면 우리 후손들이 국어 정체성을 지키면서 언어생활을 편리하게 할 수 있게 할 것인지 머리를 맞대고 의논하고, 생산적인 방안들을 내놓아야 할 때가 되었다. 국어를 연구하고 가르치고 아끼는 사람들 모두 힘을 모아 국어 문제를 점검하고, 국어 순화를 비롯한 발전 정책을 세우도록 법과 제도를 마련하는 데 힘써야 한다. 지금의 '국립국어원'의 위상을 높여 국어 살리는 일을 제대로 할 수 있게 하고, 정부 각 기관, 지방 자치단체, 민간단체에 전문적으로 국어사용을 조사하고, 조정하는 사람들을 두게 해야 한다. 그리고 신문, 방송, 인터넷 등 공공 언어 영역에서 국어를 바람직한 본보기를 보이도록 직간접적으로 유도하는 제도와 사회 분위기를 만들어 가야 한다. 과거 애국애족 운동, 독립 운동 차원에서 이루어지던 국어 순화 운동은 이제 차원을 달리할 필요가 있다. 지식과 정보 폭발의 시대, 4차 문명의 혁명 시대, 인터넷과 스마트폰을 중심으로 실시간 소통이 이루어지는 시대에 어떻게 국민 의사소통이 바람직하게 이루어지도록 돕고, 국어를 발전시켜 나갈 것인지 우리 모두 새롭게 고민해야 한다.

[참고문헌]

국립국어연구원(1999), 「표준국어대사전」. 두산동아.

김석득(2014), 우리말 순화의 원리-우리말의 세계화를 내다보면서-. 「국어순화정책」 1. 국어순화추진회. 세종학연구원.

김정수(2014), 한글말 가다듬기, 「국어순화정책」 1. 국어순화추진회. 세종학연구원.

배문정(2016), "한자어 교육의 인지과학적 고찰", 570돌 한글날 맞이 한글문화토론회. 쉽고 바른 언어문화 확산을 위한 학술회의 자료집. 9-40.

배성봉, 이광오, 마스다 히사시(2016), 새로운 단어의 학습에서 형태소

처리의 영향 : 개인차 연구. 「인지과학」 27(2), 159-180.
이건범(2016), "초등교과서 속 한자말과 한자 어원 상관성 분석.", 570돌 한글날 맞이 한글문화토론회. 쉽고 바른 언어문화 확산을 위한 학술회의 자료집. 91-131.
이관규 외(2016), '교과서 어휘의 우리말 순화 정책 연구' 중간보고서. 교육부.
이선근(1969), 토이기의 문자 개혁과 언어 정화 운동 「한글」 143호. 165-192.
이창덕(2016), 국어 어휘 교육과 초등교과서 한자 병기/표기에 대하여. 570돌 한글날 기념 전국 국어학 학술대회 발표집. 한글학회. 7-26.
최현배(1984), 「우리말 존중의 근본 뜻」. 정음문화사.
크리스타 뒤르샤이트(Christa Dürscheid, 2004), 김종수 역(2007), 「문자언어학」. 유로.
허민(2016), "수학에 쓰이는 한자말에 대한 소고", 한국수학교육학회. 「수학교육논문집」 30(2), 121-38.
Perfetti, C.A.(2007), Reading ability : Lexical quality to comprehension, Scientific studies of reading 11(4), 357-383

행정 용어 순화어

학술 순화어 심의위원
⋮
김석득 김정수 리의도 박종국 성낙수 차재경

학술 순화어 수집정리 연구원
⋮
박은화

순화 대상	순화어
가가(家家)	①집집 ②집집마다
가가호호(家家戶戶)	①집집 ②집집마다, 집집이
가각(街角)	길모퉁이
가건축(假建築)	임시 건축
가검물(可檢物)	검사 대상물
가격(價格)	값
가격 표기(價格表記)	값 표시
가격표(價格表)	값표
가격(加擊)하다	치다, 때리다
가결의(假決議)	임시 결의
가결(可決)하다	①통과하다 ②결정하다
가계(加計)	결셈
가계(家契)	집문서
가계(家計)	살림, 살림살이
가계정(假計定)	임시 계정
가고(家故)	집안 변고
가고(可考)하다	참고할 만하다, 생각할 만하다
가공(架空)	공중에 설치된
가공삭도(架空索道)	하늘찻길, 하늘차
가공선(架空線)	공중 전선
가공인물(架空人物)	꾸민 인물
가공적(架空的)	꾸며낸
가공(加功)하다	거들다
가공(可恐)하다	두렵다
가과(假果)	헛열매
가관(歌管)	노래와 악기
가관(可觀)	꽤 볼 만함
가교(架橋)	다리 놓음, 다리 놓기
가교(假橋)	임시 다리
가교사(假敎舍)	임시 교사
가교실(假敎室)	임시 교실
가구(家具)	세간
가구(家口)	집안 식구
가규(家規)	집안 규칙

순화 대상	순화어
가금(假金)	개금, 가짜금
가금(家禽)	집새
가급(加給)	더 줌, 없어 줌
가급적(可及的)	될 수 있는 대로, 되도록이면
가기(佳期)	좋은 철
가납(假納)	임시 납부
가납(假納)하다	임시로 내다
가내(家內)	집안
가내 공업(家內工業)	집안 공업, 가족 공업
가내 수공업(家內手工業)	집안 수공업, 가족 수공업
가능(可能)하다	할 수 있다, 될 수 있다
가능(可能)한 한	될 수 있는 대로
가담(加擔)	거듦, 거들어 줌
가당찮다[可當]	당찮다
가도(街道)	큰길, 한길
가도(假渡)	임시 내줌, 임시 건넴
가도(假道)	임시 도로, 임시 통로
가동(稼動)	돌림
가동성(可動性)	움직일성
가동(可動)하다	움직이게 하다
가동(稼動)하다	돌리다, 움직이다
가두(街頭)	(길)거리
가두 녹음(街頭錄音)	거리 녹음
가두 선전(街頭宣傳)	거리 선전
가두 직업 소년(街頭職業少年)	거리 근로 소년
가두판(街頭版)	거리판
가두판매(街頭販賣)	거리 팔기, 거리 판매
가등(街燈)	거리등
가량(假量)	①어림짐작, ②-쯤
가렴(苛斂)	무겁게 거둠, 가혹하게 거둠
가령(假令)	이를테면, 그렇다 치더라도
가로(街路)	거리, 길
가로 조명(街路照明)	①거리 밝힘 ②거리 밝기
가로등(街路燈)	거리등

순화 대상	순화어
가료(加療)하다	치료하다, (병) 고치다
가매장(假埋葬)하다	임시(로) 매장하다 / 묻다
가면(假面)	탈
가명(假名)	가짜 이름, 꾸민 이름
가무(歌舞)	노래와 춤
가문(家門)	집안
가미(加味)	맛을 더함
가미(加味)하다	(맛을) 더하다
가박(假泊)	임시 정박
가벌(家閥)	지체
가변성(可變性)	바뀔성
가보(家寶)	집안 보배
가부(可否)	①찬반 ②옳고 그름
가부동수(可否同數)	찬반 같음
가불금(假拂金)	임시 치름돈
가사(假使)	이를테면, 그렇다 치더라도
가사(假死)	기절
가사(歌詞)	노랫말
가사(家事)	집일, 집안일
가사용(家事用)	가정용
가사용(假使用)	임시 사용
가산(加算)	보탬, 더함, 덧셈
가산(家産)	집 재산
가상(街上)	길거리 (위)
가상(假想)	어림짐작
가상(嘉尙)하다	기특하다, 갸륵하다
가석방(假釋放)	임시 석방
가선(架線)	공중선
가설(加設)	덧 설치, 추가 설치
가설 무대(假設舞臺)	임시 무대
가설인(假設人)	내세운이, 꾸민이
가설(架設)하다	놓다, 설치하다
가성조달(苛性遭達)	양잿물, 수산화나트륨
가세(家貰)	집세

순화 대상	순화어
가세(家勢)	집안 형편
가세(加勢)하다	힘을 보태다, 거들다
가소(可笑)롭다	우습다
가속(加速)	속도를 더함
가솔(家率)	집안 식구
가송치증(假送致證)	임시 송치증, 임시 가둠 증서
가수(假睡)	선졸음, 선잠
가수금(假受金)	임시 받은돈
가수요(假需要)	임시 수요
가수용 시설(假收容施設)	임시 수용 시설
가수증(假收證)	임시 영수증
가시(可視)	볼 수 있음, 보임
가시광선(可視光線)	보임 빛살
가시권(可視圈)	보임우리, 보임울
가시도(可視度)	볼 수 있는 정도, 보임도
가시적(可視的)	보이는, 볼 수 있는
가시정(假施錠)	임시 잠금
가시청(可視聽)	시청할 수 있는
가시화(可視化)	볼 수 있게 (함), 드러남
가식(假植)	임시심기, 겉심기
가식상(假植床)	임시 모판
가실(家室)	집안, 가족
가압(家鴨)	집오리
가압(加壓)	압력 높임
가압류(假押留)	임시 압류
가액(價額)	값
가연성(可燃性)	타는 성질
가열(加熱)	열 더함
가열(加熱)차다	힘차다
가영수증(假領收證)	임시 영수증
가영치(假領置)	임시 보관
가옥(家屋)	집
가온(加溫)	데움, 덥힘
가요 철탑(可撓鐵塔)	휠 철탑

순화 대상	순화어
가용(可用)	쓸 수 있는
가용성(可溶性)	녹을성
가용 자원(可用資源)	쓸 자원
가위탁(假委託)	임시 위탁
가이사(假理事)	임시 이사
가인(家人)	집안 사람, 가족, 동거인
가인(加印)	덧 날인
가인(佳人)	고운이
가일층(加一層)	한층 더, 더한층
가임(家賃)	집세
가입(加入)	들어감
가자과(茄子科)	가지과
가작(佳作)	잘된 작품
가잠(家蠶)	누에
가장(假葬)	임시 매장
가장(假裝)	거짓 꾸밈
가장(家長)	①집안 어른 ②남편 ③호주
가장 매매(假裝賣買)	거짓 매매, 짬짜미 매매
가재(家財)	집 재물, 집 재산
가적(假積)	임시 쌓기
가적(家籍)	집안별 호적
가전(加錢)	웃돈
가절(佳節)	좋은 철
가접수(假接受)	임시 접수
가정 배달(家庭配達)	집배달
가정 요법(家庭療法)	가정 치료법
가정 인입관(家庭引入管)	가정 연결관
가정보원(假情報員)	가짜 정보원
가정부(假政府)	임시 정부
가정(假定)하다	(…라고) 치다
가제목(假題目)	임시 제목
가제(加除)하다	①갈아 끼우다 ②고치다 ③빼다
가조약(假條約)	임시 조약

순화 대상	순화어
가조인(假調印)	임시 조인
가주(家主)	집주인
가주소(假住所)	①임시 주소 ②거짓 주소
가중(加重)	①더 무거워짐 ②더 커짐
가중처벌(加重處罰)	더 무겁게 벌함
가증(可憎)하다	밉살스럽다, 몹시 밉다
가지정(假指定)	임시 지정
가징(加徵)	덧거둠
가차(假借)없다	사정없다
가찬(可讚)하다	칭찬할 만하다
가창(歌唱)	노래 부르기
가책(呵責)	①꾸지람 ②찔림, 걸림
가첨(加添)	덧붙임
가청산(假淸算)	임시 청산
가축(家畜)	집짐승
가출(假出)	임시 보냄
가출(家出)	집나감
가출인(家出人)	집나간이
가치장(假置場)	임시 보관소
가친(家親)	아버지
가칭(假稱)	임시 일컬음, 거짓 일컬음
가타부타(可-否-)	옳다 그르다
가택(家宅)	집
가택 방문(家宅訪問)	가정 방문
가택 수색(家宅搜索)	집뒤짐
가토(加土)	북주기
가토(家兎)	집토끼
가통(家統)	집안내림
가편(加片)	가외삼
가표(可票)	찬성표
가풍(歌風)	노래 맵시
가풍(家風)	집안 풍습
가피(痂皮)	부스럼딱지
가필(加筆)하다	기워쓰다

순화 대상	순화어
가(加)하다	더하다, 보태다
가(可)하다	옳다
가항(假杭)	임시 표지 막대
가해자(加害者)	해친이
가해(加害)하다	해끼치다
가호(加護)	돌봐줌, 도움
가환부(假還付)	임시 돌려줌
가희(歌姬)	여가수
각개(各個)	따로따로, 하나하나
각개 점호(各個點呼)	인원 점검
각계(各界)	여러 분야
각고(刻苦)	몹시 애씀
각기(各其)	저마다
각도(刻度)	눈금
각반(攪拌)	휘저어 섞기
각반병(角班病)	모무늬병
각별(恪別)하다	①깍듯하다 ②특별하다
각본조(各本條)	해당 조문
각사탕(角砂糖)	각설탕
각서(覺書)	다짐 글, 약속 문서
각성(覺醒)	깨달음
각양(各樣)	여러가지
각양각색(各樣各色)	가지 가지
각연(刻煙)	살담배, 썰이, 썬담배
각인(刻印)	①도장새김 ②마음에 새김
각자(各自)	저마다, 제각기, 제각각
각자(刻字)하다	글자를 새기다
각장(脚長)	다리 길이
각종(各種)	여러 가지
각처(各處)	여러 곳, 이곳 저곳
각초(刻草)	살담배, 썰이, 썬담배
각축(角逐)	겨룸
각출(醵出)하다	나누어 내다, 추렴하다
각치(角値)	각도

순화 대상	순화어
각필(擱筆)	붓을 놓음
각하(却下)되다	받아들일 수 없게 되다
각호(各戶)	집집마다
간(干)	절임
간(稈)	봉(棒)
간간(間間)이	이따금
간격(間隔)	사이, 틈
간경(幹經)	대지름
간계(奸計)	간사한 꾀
간과(看過)하다	보아 넘기다
간교(奸巧)하다	몹시 간사하다
간구(干求)하다	요구하다, 바라다
간극(間隙)	틈
간기(簡記)하다	간단히 적다
간낭(甘藍)	양배추
간단(間斷)없이	끊임없이
간담회(懇談會)	대화 모임
간략(簡略)히	간단히
간만(干滿)	밀물썰물
간벌(間伐)	솎아베기
간벽(間壁)	사이벽, 중간벽
간사 회사(幹事會社)	주관 회사
간석지(干潟地)	개펄
간선 도로(幹線道路)	줄기도로, 큰도로
간소복(簡素服)	가벼운옷
간수(看守)	①교도관 ②지킴이
간수(看守)하다	지키다
간식(間植)	사이심기
간신(艱辛)히	겨우, 가까스로
간언(間言)	이간말
간여(干與)하다	상관하다, 관계하다
간이(簡易)하다	손쉽다, 간편하다
간인(間印)	거멀도장, 걸침도장
간작(間作)	사이짓기

순화 대상	순화어
간장(幹長)	대길이
간재(幹材)	줄기재
간조(干潮)	썰물
간주위장(幹周圍長)	줄기둘레
간주(看做)하다	보다, 여기다, 치다
간지(間紙)	사잇종이, 속종이
간척지(干拓地)	개막은 땅
간청(懇請)하다	간절히 바라다
간출암(干出岩)	썰물 바위
간취(看取)하다	알아차리다
간(肝)태우다	애태우다
간파(看破)하다	알아채다, 꿰뚫어 보다
간헐적(間歇的)	가끔 나타남
간혹(間或)	이따금, 종종
갈구(渴求)	애타게 바람
갈근(葛根)	칡뿌리
갈망(渴望)하다	몹시 바라다, 기다리다
갈수기(渴水期)	가뭄때
갈증(渴症)	목마름
갈취(喝取)	빼앗음
감(感)	느낌
감경(減輕)	가볍게 함, 줄임
감관(感管)	감각 기관
감귤(柑橘)	귤
감금(監禁)	가둠
감내(堪耐)하다	견디다
감능(堪能)	견딜 힘, 감당할 능력
감도(感度)	느낌새
감량(減量)	무게 줄임, 부피 줄임
감량(感量)	가늠치
감리(監理)	감독 관리
감모(減耗)	닳아버림
감모율(減耗率)	닳음비
감미(甘味)	단맛

순화 대상	순화어
감산(減産)	①줆, 줄임 ②줄려냄
감삽(嵌揷)	끼워 넣음
감소(減少)하다	줄다
감손(減損)되다	줄어들다
감쇠(減衰)	적어짐, 줄어짐, 약해짐
감수(減水)	물이 줆
감수(甘受)하다	달게 받다
감안(勘案)하다	참작하다, 고려하다
감압(減壓)	압력줄임
감염(感染)되다	물들다, 옮다
감옥(監獄)	교도소
감원(減員)하다	인원을 줄이다
감입(嵌入)	끼워 넣기
감작(減作)	줄여짓기
감정(勘定)	셈, 계산
감착(嵌着)	끼워 붙임
감찰(鑑札)	영업패, (영업) 허가증, 등록증
감축(減縮)하다	줄이다
감탈(嵌脫)	박고 뽑기, 끼고 뽑기
감(減)하다	줄이다, 빼다
감(鑑)하다	비추다, 살피다
감합(嵌合)	끼워 맞춤
감항 능력(堪航能力)	안전 항해 능력
감호(監護)	보호, 감독, 보호 감독
갑각(岬角)	돌출 부분
갑내포지(匣內包紙)	속 포장지
갑삼(甲蔘)	으뜸삼모
갑을남녀(甲乙男女)	보통 사람
갑충(甲蟲)	딱정벌레
강괴(鋼塊)	강철덩이
강구(講究)하다	(좋은 방법) 연구 / 생각하다
강권(强勸)하다	강제로 / 억지로 권하다
강급(降級)	등급을 내림
강류(糠類)	겨붙이

순화 대상	순화어
강매(强賣)	강제팔기
강모(剛毛)	센 털
강박(强迫)	윽박지름
강보(襁褓)	포대기
강삭(鋼索)	쇠줄
강상(江上)	강 위
강선지삭(鋼線支索)	지주 쇠밧줄
강설량(降雪量)	눈 온 양
강수량(降水量)	하늘내림 물 양
강압(强壓)	억누름
강요(强要)하다	억지로 요구하다
강우량(降雨量)	비 온 양
강임(降任)	아랫자리 임명
강잉(强仍)히	부득이, 그대로
강제(强制)로	억지로
강차(降車)	차 내림
강축(强蹴)하다	세게 차다
강취방(綱取防)	줄잡이
강타(强打)하다	세게 치다
강하식(降下式)	내림(의)식
강하(降下)하다	내리다
강화(强化)하다	튼튼하게 하다 / 되다
개각(改刻)하다	고쳐 새기다
개간지(開墾地)	일군 땅
개개(個個)	낱낱
개거(開渠)	도랑
개과(改過)하다	회개하다, 뉘우치다
개관(開罐)	통따기
개관(槪觀)하다	대충 보다
개괘 중량(皆掛重量)	총 무게, 온통무게
개답(開畓)	논풀이
개량시(改良柿)	개량감
개량(改良)하다	고치다
개막(開幕)	막 올림

순화 대상	순화어
개명(改名)	이름을 고침
개묘(改描)하다	고쳐 그리다
개벌(皆伐)	모두베기
개별(個別)	따로
개보(改補)	고쳐 넣음
개비(開扉)	문 열기
개비(改備)하다	①갈다 ②바꾸다
개산(槪算)	어림셈, 대략 계산
개산급(槪算給)	어림 지급
개산(槪算)하다	어림하다, 대략 셈하다
개서(改書)하다	①고쳐 쓰다 / 고쳐 적다 ②고치다
개선(改善)하다	(좋게) 고치다
개설(槪說)	대충 설명
개쇄(改刷)하다	고쳐 찍다
개수(改修)하다	고치다
개시(開始)	시작
개시(開示)	①펴 보임 ②드러내 보임
개식(改植)	다시 심기
개신(改新)	①새로 고침 ②새로 바꿈
개심(改心)하다	뉘우치다, 회개하다
개요(槪要)	①대강 ②줄거리
개의(開議)하다	회의를 시작하다
개임(改任)	고쳐 임명
개입권(介入權)	끼어들 권리
개입(介入)하다	끼어들다
개장(開裝)하다	포장을 풀다
개전(開田)	밭풀이
개전(改悛)의 정(情)	뉘우치는 빛
개정(改正)	고침
개제(改製)하다	다시 제작하다
개조식(箇條式)	조목 벌임
개조(改造)하다	고치다
개중(個中)에	①여럿 가운데 ②그 중(에)

순화 대상	순화어
개진(開陳)하다	(의견)진술하다 / 펴다 / 밝히다
개집표기(改集標機)	표 검사기
개착(開鑿)	①뚫음 / 뚫기 ②헤쳐 뚫기
개찬(改竄)	(글자 따위를) 고쳐 씀
개체(改替)하다	(고쳐) 바꾸다
개최(開催)하다	열다
개축(改築)하다	①고쳐 짓다 ②고쳐 쌓다
개칭(改稱)하다	이름 바꾸다
개토(改土)	흙갈이
개판(蓋板)	(통) 뚜껑
개폐(開閉)	여닫음
개폐기(開閉器)	①여닫개 ②스위치
개폐선(開閉線)	여닫이 금
개폐시(開閉時)	여닫을 때
개표구(開票口) / 개찰구(改札口)	표 보이는 곳
개품 운송(個品運送)	낱개 나르기
개피(開披)하다	①뜯다 ②열어 보다
개혁(改革)	크게 고침
개호(介護)하다	①보호하다 ②보살피다
개화(開花)	꽃 핌
개화기(開花期)	꽃 필 때
객담(喀痰)	가래
객장(客場)	영업장
객토(客土)	①(새)흙넣기 ②새 흙
객혈(喀血)	피 토하기
갱내(坑內)	굴 안, 굴 속
갱생(更生)하다	①(다시) 살아나다 ②새 삶을 얻다
갱신(更新)하다	새롭게 하다, 새로 하다
갱의실 / 경의실(更衣室)	탈의실, 갈아입는 곳
갱장(更裝)	다시 꾸림
갱환(更換)	다시 바꿈
거(鋸)	톱
거가(去家)	집 떠남

순화 대상	순화어
거간(居間)	①중매인 ②중간 상인
거개(擧皆)	거의, 대개
거국적(擧國的)인	온 나라의
거금(巨金)	큰 돈
거년(去年)	지난해
거동(擧動)	①태도 ②행동
거래원(去來員)	증권 회원
거마비(車馬費)	교통비, 차비
거목(巨木)	큰 나무
거물(巨物)	큰 인물
거반(去般)	지난번
거사(巨事)	큰 일
거설(鋸屑)	톱밥
거소(居所)	사는 곳
거수자(擧殊者)	수상한 사람
거수(擧手)하다	손 들다
거신(鋸身)	톱(몸)
거액(巨額)	큰 돈
거양(擧揚)하다	①들다 ②올리다 ③(드)높이다
거어(鋸魚)	큰 고기
거절(拒絶)하다	물리치다
거주지(居住地)	사는 곳
거중 조정(居中調停)	중간 조정
거증(擧證)	증거 듦
거치(据置)	맡겨두기
거치(鋸齒)	톱날, 톱니
거치 입목(鋸齒立目)	톱날 세우기
거택(居宅)	집, 댁
거하(去夏)	지난여름
거(去)하다	지나다
거한(巨漢)	몸집 큰 이
거행(擧行)하다	①올리다 ②하다
거화(炬火)	횃불

순화 대상	순화어
건(腱)	힘줄
건견(乾繭)	①마른고치 ②고치말리기
건구상(建具商) / 건구점(建具店)	문짝 가게, 창호 가게
건답(乾畓)	마른논
건당(件當)	①한 건에 ②건마다
건마(乾麻)	마른 삼
건목(乾木)	마른 나무
건발기(乾髮器)	머리 말리개, 머리 건조기
건사(乾飼)	마른먹이
건식(建植)	①설치 ②세움
건어물(乾魚物)	마른 어물
건열(乾裂)	말라 터짐
건엽중(乾葉重)	마른 잎 무게
건정(鍵錠)	자물쇠
건조(乾燥)	①말림 ②마름
건착망(巾着網)	주머니 그물
건할(乾割)	말라 갈라짐
검경(檢鏡)	현미경 검사
검공(檢孔)	입력 자료 검증
검근(檢斤)	무게재기, 무게 검사
검란기(檢卵機)	알 검사기
검량(檢量)	①수량재기 ②무게달기
검방(檢房)	①수용실 검사 ②방 검사 ③거실 검사
검사 일할(檢査日割)	①검사 일정 ②검사 날짜
검신(檢身)	몸 검사
검인(檢印)	확인 도장
검증(檢證)	증거 조사
검찰(檢札)	표 검사
검척(檢尺)	자로 재기
검체(檢體)	검사 대상물 <농업>
검취(檢取)	①검사 ②조사
검치(檢致)	(검찰청) 송치
검토 요망(檢討要望)	살펴 주기 바람

순화 대상	순화어
겁탈(劫奪)하다	빼앗다
게기(揭記)하다	①싣다 ②써 붙이다 ③기재하다
게시판(揭示板)	알림판
게시(揭示)하다	내붙이다, 써 붙이다
게양(揭揚)하다	①(기를) 매달다 ②올리다
게재(揭載)하다	싣다
게첨(揭添)	내붙임
게첩(揭帖)	내붙임
격감(激減)	부쩍 줄어듦
격년(隔年)	해거리
격리(隔離)	떼어 놓음
격물(隔物)	떨어진 물건
격부(格付)	매김
격상(格上)시키다	격을 높이다
격세지감(隔世之感)	세월 바뀐 느낌
격의(隔意) 없이	터놓고, 허물 없이
격일(隔日)로	날 걸러
격증(激增)	갑자기 늘어남
격지(隔地)	멀리 떨어진 곳
격지자간(隔地者間)	멀리 있는 사람 사이
격퇴(擊退)하다	물리치다
격파(擊破)하다	쳐부수다
격하(格下)시키다	격을 낮추다
격휴교호벌채(隔畦交互伐採)	이랑걸러 번갈아베기
견(繭)	고치
견갑골(肩胛骨)	어깨뼈
견관절(肩關節)	어깨 마디
견면(繭綿)	①고치솜 ②풀솜
견문(見聞)	듣보기
견사(繭絲)	고치실
견실(堅實)하다	①튼튼하다 ②알차다
견인차(牽引車)	끌차
견인(牽引)하다	끌다

순화 대상	순화어
견주로(犬走路)	작업 길 <철도>
견중(繭重)	고치 무게
견지(見地)	①(살피는) 처지 ②관점
견지(堅持)하다	굳게 지니다
견질토(堅質土)	①단단한 땅 ②단단한 흙
견책(譴責)	주의 <법>
견출장(見出帳)	찾음장
견출지(見出紙)	찾음표
견치석(犬齒石)	①견칫돌 ②축댓돌
견형(繭形)	고치 모양
결구(結球)	속들이
결궤(決潰)하다	(터져) 무너지게 하다
결렬(決裂)되다	깨지다
결론(結論)	맺음말
결말(結末)	①끝맺음 ②끝장
결문(結文)	맺는 글
결번(缺番)	없는 번호, 빠진 번호
결빙(結氷)	얼어붙음
결속(結束)	①뭉침 ②묶음 ③다발 ④가지 묶기
결속엽(結束葉)	①묶은 담배 ②꼭짓잎
결속(結束)하다	①묶다 ②뭉치다
결식 아동(缺食兒童)	굶는 아이
결실(結實)	열매 맺기, 열매맺이
결어(結語)	맺음말, 맺는 말
결여(缺如)되다	모자라다
결원(缺員)	모자라는 인원
결의 대회(決意大會)	다짐 대회
결점(缺點)	결점, 흠
결집(結集)시키다	한데 모으다
결핍(缺乏)되다	모자라다
결(缺)하다	①없다 ②빠지다
결함(缺陷)	흠
결합 금구(結合金具)	결합 철물

순화 대상	순화어
결호(缺號)	빠진 호
겸비(兼備)	함께 갖춤
겸용(兼用)	함께 씀
겸유(兼有)	함께 가짐
겸(兼)하여	아울러, 더불어
경(莖)	줄기
경각심(警覺心)	정신차림
경간(徑間)	기둥 사이 (거리)
경감(輕減)하다	①덜어 주다 ②가볍게 하다
경개(更改)	바꿈
경거망동(輕擧妄動)	날뛰는 짓
경계(警戒)	조심시킴, 주의시킴
경고(警告)하다	주의주다
경고문(警告文)	주의 글
경과(經過)	지남
경구투약(經口投藥)	먹는약 주기
경궐련(硬卷煙)	된 담배
경동(傾動)	기울어짐
경락인(競落人)	경매 차지한 이, 경매 붙은 이
경련(痙攣)	살떨림
경례(敬禮)	절
경료(經了)하다	마치다
경률(莖率)	줄기 비율
경목(警牧)	경찰 (위촉) 목사
경미(輕微)하다	①가볍다 ②대수롭지 않다
경박(輕薄)하다	(언행이) 가볍다
경방(警防)	경계하여 지킴
경봉(警棒)	경찰봉
경사(慶事)	①기쁜 일 ②좋은 일
경색(梗塞)	막힘
경솔(輕率)하다	(언행이) 가볍다
경수(硬水)	센 물
경승(警僧)	경찰 (위촉) 스님

순화 대상	순화어
경시(輕視)하다	①쉽게 생각하다 ②가볍게 보다/여기다/깔보다
경신(更新)하다	①바꾸다 ②고치다
경신(輕信)하다	경솔히 믿다, 쉽게 믿다
경심(耕深)	갈이깊이
경악(驚愕)	놀라움
경역(境域)	①지역 ②구역
경연부동(硬軟不同)	고름새 나쁨
경운(耕耘)	갈이
경운조(耕耘爪)	갈이날
경운지(耕耘地)	갈이땅
경원(敬遠)하다	어려워 멀리하다
경유(經由)하다	거치다
경일(頃日)	지난번
경작 기절(耕作氣節)	농사철
경작(耕作)하다	농사짓다
경적(警笛)	①경계 고동 ②비상 고동 ③호루라기
경전(耕田)	논밭갈이
경정(更正)	①고쳐 잡음 ②다시 고침
경정(更定)	①고쳐 정함 ②바로 고침
경정 결정(更正決定)하다	바로잡다
경정 조사(更正調査)	바로잡음 조사
경정(更正)하다	(다시) 고치다
경종 농업(耕種農業)	①갈이 농사 ③씨 뿌림 농사
경주(傾注)하다	①기울이다 ②쏟다 ③다하다
경질(更迭)하다	①갈다 ②바꾸다
경(頃)	무렵, 쯤
경창(競唱)	노래 자랑
경청(傾聽)하다	귀여겨 듣다
경토(耕土)	갈이흙
경토 배양(耕土培養)	땅힘돋우기
경(經)하다	거치다
경(輕)하다	가볍다

순화 대상	순화어
경화(硬化)	굳어짐, 굳히기
경화병(硬化病)	굳음병
경환(更換)하다	바꾸다
계고(戒告)하다	주의시키다
계구(戒具)	억제 기구
계근(計斤)하다	무게 달다
계기(契機)	기회, 기틀
계도(啓導)하다	깨우쳐 이끌다
계량(計量)하다	양을 재다
계류(繫留)	걸임, 매임
계류 중(繫留中)	①걸려 있음 ②검토 중
계류삭(繫留索)	묶음 밧줄
계류(繫留)하다	①(배 따위를) 매어 두다 ②붙들어 매다
계리(計理)	경리
계목(繫牧)	매어기르기
계목 횟수(繼木回數)	이음수
계몽(啓蒙)	일깨움
계박(繫泊)하다	매어 두다
계발(啓發)하다	일깨우다
계분(鷄糞)	닭똥
계사(鷄舍)	닭장
계산(計算)하다	셈하다
계상(計上)하다	셈치다
계선항(繫船杭)	배말뚝
계속 한천일수(繼續旱天日數)	계속 가문 날 수
계송 업무(繼送業務)	중계 업무
계승(繼承)하다	이어받다
계우(鷄羽)	닭털
계유(啓喩)	일깨움
계쟁물(係爭物)	다툼거리
계절풍(季節風)	철바람
계제(階梯)	단계
계지(係止)	걺, 걸림

순화 대상	순화어
계탈(係脫)	걸거나 벗김
계표(界標)	경계 표지
계합(係合)	걸어 맞춤
계합(繼合)	이어 붙임
계호(戒護)	경계 보호
고가(古家)	①옛날 집 ②오래된 집
고가(高價)	비싼 값
고가(高架)	공중 설치
고가차(高架車)	사다리차
고갈(枯渴)	마름
고객(顧客)	①손님 ②단골 손님
고견(高見)	좋은 생각
고경(枯莖)	마른 줄기
고공품(藁工品)	짚 제품
고관절(股關節)	넓적다리 뼈마디
고급육(高級肉)	좋은 고기
고려(考慮)하다	생각해 보다, 헤아리다
고(故)로	그러므로, 그런 까닭으로
고리(高利)	비싼 이자, 비싼 변
고막(鼓膜)	귀청
고무(鼓舞)하다	북돋우다
고물(古物)	헌 물건
고박(固縛)	①뱃짐 묶기 ②화물 묶기
고복공(藁覆工)	짚 덮기
고본(古本)	①옛 책 ②헌책
고분(古墳)	옛무덤
고사(古事, 故事)	옛일
고사(枯死)	말라 죽음
고사목(枯死木)	죽은 나무
고사지(枯死枝)	죽은 가지
고사(枯死)하다	말라 죽다
고산(高山)	높은 산
고색(古色)	①낡은 빛깔 ②옛 풍취
고서화(古書畵)	옛 책과 옛 그림

순화 대상	순화어
고설(固設)	붙박이
고수(固守)하다	굳게 지키다
고시(考試)	공무원 시험
고시(告示)하다	알리다
고양(高揚)하다	높이다
고역(苦役)	힘든 일
고엽(枯葉)	마른 잎
고용 노동(雇傭勞動)	품일 (노동)
고용주(雇用主)	사업주
고율 보수(高率報酬)	높은 보수
고의(故意)로	일부러
고입(雇入)	승선 계약
고입(古叺)	헌 가마니
고재(古材)	폐자재
고저(高低)	높낮이 / 높이
고저차(高低差)	높낮이 차이
고정(苦情)	①불만 ②괴로움
고정도(高精度)	높은 정밀도
고조(高潮)	높은 파도
고조(高潮)되다	높아지다
고죽(苦竹)	참대
고즙(苦汁)	간수
고지(高地)	①높은 땅 ②높은 곳
고지(雇止)	승선 계약 종료
고지(告知)	알림
고지대(高地帶)	높은 지대
고찰(考察)하다	살펴보다
고초(苦楚)	어려움
고충(苦衷)	어려움
고취(鼓吹)	북돋움
고토(膏土)	기름진 땅
고품(古品)	①낡은 물품 ②옛 물품
고풍(古風)	옛 풍속
고하(高下)	①위아래 ②높낮이

행정 용어 순화어 59

순화 대상	순화어
고(告)하다	알리다
고형 복합 비료(固形複合肥料)	덩이 복합 비료
곡간(穀稈)	짚
곡간답(谷間畓)	골짝논, 고래실, 다랑논
곡기 비행(曲技飛行)	곡예 비행
곡절(曲折)	구부러짐
곡초(穀草)	짚
곡(曲)하다	①(사리가) 바르지 못하다 ②굽다
곤납(梱納)	상자에 넣음, 상자 넣기
곤포(梱包)	뭉치
골(骨)	뼈
골간(骨幹)	뼈대
골반골(骨盤骨)	골반뼈, 엉덩뼈
골분(骨粉)	뼛가루
골자(骨子)	요점, 핵심, 골갱이
골절(骨折)	뼈 부러짐
골조(骨組)	뼈대
공가(公暇)	공식 휴가
공가(空家)	빈집
공고(公告)하다	알리다
공고(鞏固)히 하다	①굳건히 / 굳게 하다 ②튼튼히 하다
공공연(公公然)하게	드러나게
공과(公課)	공적 부과
공과(功過)	잘잘못
공관(空罐)	빈 통
공구(工區)	공사 구역
공급선(供給先)	①공급처 ②공급자
공대(空袋)	빈 부대, 빈 자루
공동(空胴)	빈 공간
공동 경작(共同耕作)	어울려짓기 / 함께 짓기
공동 정호(共同井戶)	공동 우물
공동목(空胴木)	속 빈 나무

순화 대상	순화어
공로(公路)	공공 도로
공류(公流)	공공 유수
공리(公利)	①공공 복리 ②공공의 이익
공명(空鳴)	헛 울림
공명정대(公明正大)하게	떳떳하게
공무소(公務所)	①관계 기관 ②관공서
공백(空白)	빈자리
공병(空瓶)	빈병
공복(公僕)	①봉사자 ②심부름꾼
공복(空腹)	빈속
공부(公簿)	공용 장부
공사다망중(公私多忙中)	바쁘신 가운데
공상(公傷)	공무 중 부상
공상자(空箱子)	빈 상자
공선(空船)	빈 배
공수(空手)	빈손
공시 송달(公示送達)	①널리 알림 ②알려 보냄
공시(公示)하다	널리 알리다
공안(公安)	공공 안녕
공언(公言)	①공개적인 말 ②공개적으로 말함
공언(空言)	빈말
공여(供與)하다	①제공하다, 주다 ②바치다
공연(空然)히	괜히, 쓸데 없이, 까닭 없이
공용(公用)	공무로 씀
공용(共用)	함께 씀, 공동 사용
공용(供用)되다	①제공되다 ②이용되다, 쓰이다
공유 지분(共有持分)	함께 지닌 몫
공인(公印)	공무 도장
공전(公典)	규범
공전(空電)	①전파 잡음 ②전파 방해
공전(空轉)하다	헛돌다, 겉돌다
공정(工程)	공사 진도

순화 대상	순화어
공제(控除)하다	①빼다 ②떼다
공조(共助)	협조, 서로 도움
공존(共存)	함께 살아감
공종(工種)	공사의 종류
공중 선주(空中線柱)	안테나 기둥
공지(空地)	빈 터, 빈 땅
공지 사실(公知事實)	다 아는 사실 / 다 아는 일
공지 사항(公知事項)	알리는 말씀
공차(空車)	빈차
공탁(供託)하다	맡기다
공판 기일(公判期日)	공판 날짜
공판정(公判廷)	공판 법정
공포(公布)하다	널리 알리다
공(供)하다	①제공하다, 주다 ②바치다
공한(公翰)	공식 편지
공한지(空閑地)	노는 땅
공행낭(空行囊)	빈 우편낭
공헌(貢獻)하다	이바지하다
공(共)히	①같이, 함께 ②모두
과간(顆間)	①알 사이 ②열매 사이
과거(過去)	지난날 / 지난적
과경부(果梗部)	꼭지 자리
과경(過輕)하다	너무 가볍다
과균 비율(顆均比率)	①알고름새 ②열매고름새
과금(課金)	요금
과납(過納)	더 냄
과년도(過年度)	지난해
과다(過多)하다	너무 많다
과당 경쟁(過當競爭)	지나친 경쟁 / 지나친 겨룸
과도(果刀)	과일칼
과도(過渡)한	지나친
과분(過分)하다	분에 넘치다
과불(過拂)	초과 지급
과선교(跨線橋)	구름다리

순화 대상	순화어
과숙엽(過熟葉)	너무 익은 잎
과시(誇示)하다	자랑하다
과실(過失)	잘못
과언(過言)	지나친 말
과업(課業)	할 일
과오(過誤)	잘못, 허물
과오급(過誤給)	잘못 지급, 잘못 내줌
과오납(過誤納)	잘못 냄
과오납금(過誤納金)	잘못 낸 돈
과오불(過誤拂)	잘못 지급, 잘못 내줌
과원(寡員)	①모자라는 인원 ②못 채운 자리
과장품(過藏品)	초과 저장품
과장(誇張)하다	①너무 자랑하다 ②부풀리다
과중(過重)하다	벅차다, 힘겹다
과징금(過徵金)	지나치게 거둔 돈
과징(過徵)하다	지나치게 거두다
과(過)하다	지나치다, 넘치다
관(罐)	통
관개(灌漑)	물대기
관객(觀客)	구경꾼
관건(關鍵)	열쇠
관견(管見)	의견
관계 요로(關係要路)	관계 기관
관급(官給)	관공서(에서) 지급
관대(寬大)하다	너그럽다
관료배(官僚輩)	관리들
관망(觀望)하다	지켜 보다
관상화(管狀花)	대롱꽃
관수(灌水)	①물주기 ②물대기
관수(管守)	보관, 간수
관여(關與)하다	상관하다, 관계하다
관용(官用)	관청용
관용(寬容)	너그러움

순화 대상	순화어
관용차(官用車)	공무차
관인(官印)	기관 도장
관장(管掌)하다	①맡다 ②맡아 보다 / 처리하다
관저(官邸)	관사
관정(管井)	대롱물
관정(灌井)	들샘
관제 엽서(官製葉書)	체신 엽서
관조(鸛鳥)	황새
관지(冠芝)	머리떼
관직영(官直營)	정부 (기관) 직영
관착(冠著)	씌워 붙이기
관철(貫徹)하다	끝내 이루다
관측 기부(觀測記簿)	관측 기록부
관측 수부(觀測手簿)	관측 기록부
관통(貫通)	꿰뚫음
관(冠)하다	덧붙이다
괄목(刮目)할	놀랄 만한
괄호(括弧)	도림, 묶음표
광견(狂犬)	미친개
광견병(狂犬病)	미친개 병
광고(廣告)하다	널리 알리다
광대(廣大)하다	드넓다
광부(鑛夫)	광산 근로자
광분(狂奔)하다	미쳐 날뛰다
광엽(廣葉)	넓은 잎
광의(廣義)	넓은 뜻
광재(鑛滓)	광물 찌꺼기
광조형(狂躁型)	미친 꼴
광채(光彩)	밝은 빛
괘삽(掛揷)	걸어 끼우기
괘지(掛止)	걸어두기
괘환체(掛還體)	①걸고리체 ②걸고리 모양
괴근(塊根)	덩이뿌리

순화 대상	순화어
괴뢰(傀儡)	꼭두각시
괴리(乖離)	어긋남
괴상(塊狀)	덩이꼴
교교(皎皎)하다	아주 밝다
교담(交談)	대화
교대(交代)하다	번갈다
교량(橋梁)	다리
교료(校了)	①오케이 ②완료
교목(성)(喬木性)	큰 키 나무(성)
교반(攪拌)	휘섞기
교반기(攪拌機)	휘섞기 틀
교배대(交配袋)	교배주머니
교부(交付)하다	내(어)주다
교사(校舍)	학교 건물
교사(敎唆)하다	부추기다
교상(咬傷)	물린 상처
교시(敎示)하다	①가르치다, 가르쳐 주다 ②알려 주다
교의(交誼)	사귐
교정(矯正)하다	바로잡다
교차(交叉)	엇갈림
교차 설비(交叉設備)	건널목 시설
교차로(交叉路)	엇갈림길
교체(交替)하다	바꾸다
교통 수기(交通手旗)	교통 손깃발
교합(咬合)	맞물림
교행(交行)	①마주 지나기 ②번갈아 지나기
교화(膠化)	교질화
교환 노동(交換勞動)	품앗이
교환(交換)하다	서로 바꾸다
교회(敎誨)하다	깨우치게 하다
구강(口腔)	입속, 입안
구강 질환(口腔疾患)	입속 질환, 입안 질환, 입안 병

행정 용어 순화어 65

순화 대상	순화어
구거(溝渠)	도랑
구구사정(區區事情)	사소한 사정
구구(句句)이	구절마다
구구(區區)하다	①(각각) 다르다 ②쓸모없다
구금(拘禁)하다	(잡아) 가두다
구년(舊年)	지난해
구두(口頭)로	말로
구라파(歐羅巴)	유럽
구랍(舊臘)	지난 섣달
구류(拘留)하다	가두어 두다
구릉(丘陵)	언덕
구매(購買)하다	사다
구명삭(救命索)	구명줄
구명(究明)하다	밝히다
구문(構文)	글 짜임 / 월 짜임
구문 전보(歐文電報)	로마자 전보
구미(口味)	입맛
구배(勾配)	①기울기 ②물매 ③오르막 ④비탈
구변(口辯)	말솜씨
구봉(口縫)	꿰맴
구비(具備)하다	갖추다
구상(求償)하다	①배상을 요구하다 ②보상을 요구하다
구상(構想)하다	생각하다
구색 완비(具色完備)	고루 갖춤
구서(驅鼠)	쥐잡기
구수 증서(口授證書)	받아 쓴 (유언) 증서
구순(口脣)	입술
구술(口述)하다	말로 하다
구습(舊習)	묵은 습관
구신(具申)	①보고(함) ②알림 ③낱낱이 보고함
구실(口實)	핑계

순화 대상	순화어
구애(拘礙)	①얽매임 ②거리낌
구엽(舊葉)	묵은 잎
구옥(舊屋)	헌집, 옛집
구유 재산(區有財産)	구청 재산
구유(具有)하다	두루 갖추다
구임지(舊任地)	전근무지
구적기(求積器)	넓이 재는 기구
구전(口傳)	말로 전함
구제(驅除)하다	없애다
구조 부환(救助浮丸)	구명 튜브
구주(歐洲)	유럽
구중(口中)	입안
구첩(口貼)	봉함
구축(構築)하다	①쌓아 올리다 ②쌓아 만들다
구충(驅蟲)	벌레 없애기
구타(毆打)하다	때리다
구태(舊態)	옛 모습
구태의연(舊態依然)하다	①나짐이 없다 ②구태스럽다
구현(具現)하다	①나타내다 ②밝히다 ③이루다
구휼(救恤)	구호
국가 유공자 자활 용사촌	국가 유공자 마을
국기(國基)	나라 바탕
국내외(國內外)	나라 안팎
국대불(局待拂)	창구 (대기) 지불
국도(局渡)	직접 내줌
국보(局報)	업무 전보
국부적(局部的)	부분적
국장(國章)	나라 휘장
국전(局前)	국 앞
국지(局地)	일부 지역
국화(國花)	나라꽃
굴신(屈伸)	굽히고 폄
굴착(掘鑿)하다	①(땅을) 파다 ②(굴을) 뚫다
굴취(掘取)하다	①캐내다 ②파내다

순화 대상	순화어
궁극적(窮極的)	마지막, 끝내
궁박(窮迫)하다	몹시 곤궁하다, 매우 어렵다
궁술(弓術)	①활쏘기 ②활솜씨
권두언(卷頭言)	머리말
권식정지(拳式整枝)	주먹꼴 만들기
권원(權原)	권리 바탕
권착(卷着)	감아 붙임
권척(卷尺)	줄자
권취(卷取)	감기
궐석(闕席)	결석
궐위(闕位)	빈자리
궤전선(軌電線)	전철용 전선
궤조(軌條)	철길, 레일
귀감(龜鑑)	본보기
귀결(歸結)	끝맺음, 끝냄
귀석(貴石)	보석
귀속(歸屬)되다	돌아가다
귀일(歸一)	일치
귀착(歸着)하다	돌아가다
귀책 사유(歸責事由)	책임 사유
귀화(歸化)	국적 옮김
귀환(歸還)하다	돌아오다
귀휴(歸休)	휴가
규명(糾明)하다	밝히다
규반비(珪攀比)	규산(珪酸)-알루미늄 비율
규제(規制)	일정한 제한
규지(窺知)하다	①짐작하다 ②엿보다, 살피다
균근(菌根)	균 뿌리, 곰팡이 뿌리
균등(均等)하다	고르다
균분(均分)	똑같이 나눔
균사(菌絲)	곰팡이 실
균열(龜裂)하다	①금가다 ②갈라지다
균일묘(均一苗)	고른 모
균일(均一)하다	①고르다 ②똑같다

순화 대상	순화어
균제(均齊)	고르기
그 간(間)	그 사이, 그 동안
그 경(頃)	그 무렵
그 시(時)	그 때
그 외(外)	그 밖
극력(極力)	힘껏
극복(克服)하다	이겨 내다
극빈자(極貧者)	몹시 가난한 사람
극소수(極少數)	매우 적은 수
극심(極甚)하다	매우 심하다, 아주 심하다
극인(極印)	불도장
극인타기(極印打記)	불도장 찍기
극한(極寒)	매우 추움
극(極)히	매우, 몹시
근가목(根架木)	버팀목
근간(根幹)	바탕
근간(近間)	요즈음, 요사이
근경(根耕)	그루갈이
근계(謹啓)	삼가 아룀
근고공(根固工)	밑막이
근교(近郊)	(도시) 둘레
근권(根圈)	뿌리 둘레
근근(僅僅)히	가까스로, 겨우
근래(近來)	요즈음
근린(近隣)	이웃
근무 기강(勤務紀綱)	일하는 자세, 근무하는 자세
근무지(勤務地)	일터
근사(近似)하다	①비슷하다 ②그럴듯하다
근삽(根挿)	뿌리꽂이
근상(根傷)	뿌리 상처
근석(根石)	밑돌
근소(僅少)	아주 적은
근속(勤續)하다	계속 근무하다
근원(根元)	뿌리목

행정 용어 순화어 69

순화 대상	순화어
근원(根源)	본바탕
근원경(根元徑)	뿌리목 지름
근원 직경(根源直徑)	밑지름 <철도>
근일(近日)	요사이
근자(近者)	요즘, 요사이, 요새
근절(根絶)	없애기
근화(槿花)	무궁화
근황(近況)	요즈음 형편
글자체(體)	글자 모양
금구(金具)	철물
금년(今年)	올해
금력(金力)	돈힘
금렵구(역)(禁獵區域)	사냥 금지 구역
금명간(今明間)	오늘내일 사이
금번(今番)	이번
금비(金肥)	화학 비료
금속 편포(金屬片脯)	금속 조각, 쇠붙이 (조각)
금속성 파속물(金屬性把束物)	금속성 묶음줄
금속편(金屬片)	쇠붙이 조각
금수(禽獸)	짐승
금시(今時)	이제, 바로, 지금, 금방
금시초문(今始初聞)	처음 들음
금양 임야(禁養林野)	벌채 금지 임야
금연(禁煙)	①담배 못 피움 ②담배 끊기
금원(金員)	돈
금월(今月)	이 달
금일(今日)	오늘(날)
금자(今者)	①지금 ②요사이
금전(金錢)	돈
금제품(禁制品)	금지품
금주(今週)	이번 주
금(禁)하다	①못하다 ②못하게 하다
금효(今曉)	오늘 새벽
금후(今後)	앞으로

순화 대상	순화어
급(及)	및
급거(急遽)	급히, 서둘러
급구(急求)	급히 구함
급기야(及其也)	마침내
급등(急騰)하다	갑자기 오르다
급래(急來)	급히 오시기 바랍니다, 급히 오십시오
급박(急迫)	매우 급한
급부(給付)	내줌
급부금(給付金)	내준 돈
급선무(急先務)	먼저 (할) 일
급습(給濕)	물 축이기
급여(給與)	봉급, 임금
급유(給油)	기름 공급
급이(給餌)	먹이주기
급이기(給餌器)	먹이통
급증(急增)하다	갑자기 늘다
급탄(給炭)	연탄 공급
긍선(亘線)	건널선
긍지(矜持)	보람
긍(亘)하다	걸치다
기(旗)	깃발
기(其)	그
기(旣)	이미
기각 청구(棄却請求)	폐기 청구
기간(其間)	그동안, 그 사이
기간신장(期間伸長)	기간 연장
기갈(饑渴)	굶주림
기건(氣乾)	공기 말림
기결(旣決)	결정됨
기경(起耕)	흙갈이
기계직입(機械織入)	기계가마니
기고(寄稿)	원고 보냄
기공(氣孔)	숨구멍

순화 대상	순화어
기공도(氣孔度)	투기도
기구(器具)	①연장 ②도구
기근(饑饉)	굶주림
기급(氣急)하다	다급하다
기기(機器)	①기계 ②기구
기납(旣納)	이미 납부함
기년(幾年)	몇 해
기능 폐용자(技能廢用者)	기능 잃은 사람
기대(期待)	바람
기도(企圖)하다	꾀하다
기득(旣得)	(이미) 얻음
기령(其齡)	나이
기로(岐路)	갈림길
기립(起立)하다	일어서다
기만(欺瞞)하다	속이다
기망(欺罔)하다	속이다
기명날인(記名捺印)	이름 쓰고 도장 찍음
기민(機敏)하다	날쌔다, 재빠르다
기반(基盤)	터전
기발(奇拔)하다	뛰어나다
기보(旣報)	이미 알림
기부(基部)	바탕 부분
기부 채납(寄附採納)	기부 받음, 기부받기
기부지상고(基部地上高)	지상 높이
기비(基肥)	밑거름
기산(起算)하다	셈을 시작하다
기상 시간(起床時間)	일어나는 시간
기석(基石)	주춧돌
기선(基線)	기준선
기선청건착망(機船鯖巾着網)	고등어 주머니그물
기설(旣設)	이미 만듦
기성고(旣成高)	①실적 ②결과
기성(旣成)	이미 만들어짐, 이미 이루어짐
기성조건(旣成條件)	이미 된 조건

순화 대상	순화어
기성제(既成堤)	기성둑
기세(磯洗)	갯바위 닦기
기소(起訴)	소송 붙임
기속(羈束)하다	얽매다
기수(奇數)	홀수
기승(騎乘)하다	말을 타다
기아(饑餓)	굶주림
기아(棄兒)	버려진 아이
기안(起案)	문안 작성
기약(期約)	약속
기어(期於)이	①꼭, 부디 ②마침내
기여(寄與)하다	이바지하다
기예(技藝)	①재주, 솜씨 ②기술 및 예술
기왕(既往)	①벌써, 이미 ②그 전
기왕력(既往歷)	과거 병력 <의학>
기왕증(既往症)	과거 질병 <의학>
기우(杞憂)	군걱정
기원(祈願)하다	빌다
기율(紀律)	규율
기인(起因)	까닭, 원인
기인(基因)하다	(…에) 원인을 두다
기일(期日)	날짜
기일(忌日)	제삿날
기입(記入)하다	써넣다
기장(記章)	기념장
기장(記帳)하다	장부에 적다, 장부에 써 넣다
기재(記載)하다	쓰다, 써 넣다, 적어 넣다
기점(起点)	출발점, 시작점
기정(既定)	이미 정해짐
기제(既濟)	이미 처리됨
기존(既存)	이미 있음
기중(其中)	그 가운데
기증(寄贈)하다	드리다
기지(基旨)	그 뜻

순화 대상	순화어
기지 현상(忌地現象)	그루타기
기착(寄着)하다	①다하다 ②들르다 ③닿다
기찰(肌擦)	긁힘
기침 담당자(起枕擔當者)	잠 깨우는 이
기타(其他)	그 밖에
기타인(其他人)	그 외 / 다른 / 그 밖의 사람
기탁(寄託)하다	맡기다
기탄(忌憚)	거리낌
기포(氣泡)	거품
기표지(記表紙)	표지적기
기표찰(記表札)	꼬리표적기
기피(忌避)하다	꺼리다, 피하다
기필(期必)코	기어이, 반드시, 꼭
기합(氣合)	①얼차리기 ②마음 맞음
기합(氣合)을 넣다	정신 차리게 하다
기합(氣合)을 주다	①벌주다 ②꾸중하다
기형립(畸型粒)	별난 알
기화(奇貨)	핑계
기황(飢荒)	굶주림
기휴식(寄畦式)	모듬이랑식
기(旣)히	이미, 앞서
긴요(緊要)하다	아주 중요하다
긴절(緊切)히	절실히
긴착(緊着)	죄어 붙이기
긴체	잠그기 <철도>
길사(吉事)	좋은 일
끽연(喫煙)	담배 피움, 흡연
나근(裸根)	드러난 뿌리
나대지(裸垈地)	빈 집터
나동선(裸銅線)	민구리줄
나동연선(裸銅鉛線)	민구리납줄
나변(那邊)	어디
나삽(螺揷)	나사(식)끼우기
나설(螺設)	나사(식) 설치

순화 대상	순화어
나안(裸眼)	맨눈
나열(羅列)하다	늘어 놓다, 벌여 놓다
나용선(裸傭船)	①(빈) 셋배 ②선체 셋배
나자 식물(裸子植物)	겉씨 식물
나잠 어업(裸潛漁業)	맨몸 잠수 어업
나지(裸地)	①맨땅 ②알땅
나지작(裸地作)	민그루짓기
나착(螺着)	나사(식)붙이기
나충전부	드러난 충전부
나침의(羅針儀)	나침반
나태(懶怠)	게으름
나포(拿捕)하다	붙잡다
나합(螺合)	나사(식) 맞춤
낙관(樂觀)하다	밝게 보다
낙농(酪農)	젖짐승치기
낙도(落島)	외딴섬
낙뢰(落雷)	벼락
낙반(落盤)	무너짐
낙방(落榜)하다	떨어지다
낙사(落死)	떨어져 죽음
낙상(落傷)	떨어져 다침
낙서(落書)	장난 글, 막글
낙수(落穗)	①이삭 ②뒷이야기
낙승(樂勝)하다	쉽게 이기다, 가볍게 이기다
낙양(落陽)	석양
낙엽(落葉)	진잎
낙인(烙印)	불도장
낙자(落字)	빠진 글자
낙조(落照)	저녁놀
낙종(落種)하다	씨 뿌리다
낙후(落後)	뒤떨어짐
난관(難關)	어려운 고비
난괴(卵塊)	알덩이
난국(難局)	어려운 상황

행정 용어 순화어 75

순화 대상	순화어
난기 운전(暖機運轉)	시동 운전
난도(亂蹈)	날뜀
난망(難忘)	잊지 못함, 못 잊음
난방공(煖房工)	열 관리원
난삽(難澁)하다	어렵다
난색(難色)	어려운 낯빛
난시청(難視聽)	시청이 어려움
난연성(難燃性)	안탈성
난이(難易)	어렵고 쉬움
난점(難点)	곤란한 점, 어려운 점
난제(難題)	어려운 문제
난처(難處)	(처리하기) 어려움
난타(亂打)하다	마구 치다
난해(難解)	①풀기 어려움 ②알기 어려움
날인(捺印)하다	도장(을) 찍다
날조(捏造)하다	사실처럼 꾸미다, 생으로 꾸미다
남비(濫費)	헤프게 씀
남상(濫觴)	기원(起源)
남용(濫用)하다	마구 쓰다, 함부로 쓰다
남획(濫獲)하다	마구 잡다
납가(納家)	광
납기(納期)	내는 때
납기일(納期日)	내는 날
납량(納凉)	더위 식힘
납부(納付)하다	내다
납세필증(納稅畢證)	세금낸 표
납옥(納屋)	광
납제(納濟)	다 냄
납회(納會)	①폐장(일) ②마무리(날)
낭독(朗讀)하다	소리내어 읽다
낭망(囊網)	자루그물
낭보(朗報)	반가운 소식, 기쁜 소식
낭비(浪費)하다	헛되이 쓰다, 헤프게 쓰다

순화 대상	순화어
낭설(浪說)	뜬소문, 헛소문
낭송(朗誦)하다	읊조리다
낭하(廊下)	복도
내간(內間)	①안방 ②아낙
내경(內徑)	안지름
내공(內空)	속 빔
내관(內罐)	속통
내구 연한(耐久年限)	견딜 해수
내국세(內國稅)	나라 안 세금
내냉성(耐冷性)	추위견딜성
내(來)달	다음달
내도복성(耐倒伏性)	쓰러짐 견딜성
내도(來到)하다	①도착하다 ②오다
내동(來同)	와서 모임
내반경(內返耕)	안쪽 돌아갈이
내방(來訪)하다	찾아오다
내백(內白)	흰색심
내병성(耐病性)	병 견딜성
내복약(內服藥)	먹는 약
내부(內部)	안, 속
내불금(來拂金)	선돈
내빈(來賓)	손님, 초대 손님
내빈(內賓)	안손님
내사(內査)하다	은밀히 조사하다
내삽(內揷)	안쪽 끼우기
내성(耐性)	견딜성
내수용(內需用)	국내 소비용
내실(內實)	알참, 실속
내실(內室)	①안방 ②부인
내역서(內譯書)	명세서
내왕(來往)하다	오가다
내외(內外)	안팎
내용 연수(耐用年數)	사용 가능 햇수
내인가(內認可)	예비 인가

순화 대상	순화어
내재(內在)	담겨짐
내지(乃至)	또는, (…)나
내추(來秋)	오는 가을
내충성(耐蟲性)	벌레 견딜성
내충성목(耐蟲性木)	벌레견딜성 나무
내표인(內標印)	속포장 도장
내표지(內標紙)	속포장지
내피(內皮)	속껍질
내한(耐旱)	가뭄 견딤, 가물 견딤
내홍(內訌)	집안싸움, 집안 다툼
내화성(耐火性)	불 견딜성
냉각(冷却)	식힘
냉대(冷待)	푸대접
냉소(冷笑)	비웃음
냉수(冷水)	찬물
노거수(老巨樹)	크고 오랜 나무
노골화(露骨化)하다	드러내다
노내(爐內)	연소실 내부
노동자(勞動者)	근로자
노면(路面)	길바닥
노면정지(路面整地)	길바닥 고르기
노목(老木)	늙나무
노방(路傍)	길가
노변(路邊)	길가
노상(路上)	①길바닥 ②길(위)에서
노양(擴揚)	건져 올리기
노역(勞役)	①품일 ②노동
노역장(勞役場)	일터
노요(櫓櫂)	노
노유자(老幼者)	노인과 어린이
노작(勞作)	①힘써 일함 ②역작
노점(路店)	길가게
노정(路頂)	길마루
노정(路程)	길순, 여행 경로

순화 대상	순화어
노정(露呈)	드러남 / 드러냄, 나타남 / 나타냄
노지(露地)	한데
노천 수납장(露天收納場)	한데받는 곳
노출(露出)하다	드러나다 / 드러내다
노측대(路側帶)	길 가장자리 (구역)
노파심(老婆心)	쓸데없는 걱정
노폐물(老廢物)	묵찌꺼기
노폭(路幅)	길 나비, 길 폭
노화(老化)	늙기
노화묘(老化苗)	쇤 모
노후(老朽)	낡음
노후화답(老朽化畓)	헤식은 논
녹비(綠肥)	풋거름
녹사료(綠飼料)	생풀 먹이, 풋먹이
녹지대(綠地帶)	푸른 지대
녹지삽(綠枝揷)	풋가지꽂이
녹지삽목(綠枝揷木)	풋가지꽂이
녹태(綠苔)	푸른 이끼
논지(論旨)	글 뜻, 말뜻
농무(濃霧)	짙은 안개
농번기(農繁期)	바쁜 농사철
농병(膿病)	고름병
농후 사료(濃厚飼料)	기름진 먹이
농후(濃厚)하다	짙다
누가 기록(累加記錄)	쌓아 적기
누거(陋居)	누추한 집
누년(屢年)	여러 해
누누(累累)이	여러 번, 여러 차례
누두(漏斗)	깔때기
누락(漏落)	빠뜨림 / 빠짐
누락자(漏落者)	빠진이
누설(漏泄)하다	새다, 흘리다
누수(漏水)	①새는 물 ②물새기

순화 대상	순화어
누수답(漏水畓)	시루논
누습(陋習)	①잘못된 풍습 ②그릇된 버릇
누일(累日)	여러 날
누입(累入)	끌어들임
누적(累積)되다	쌓이다
누증(累增)	①점점 늘어남 ②점점 쌓임
누진(累進)	따라오름
누차(累次)	여러 차례, 여러 번
누출(漏出)	새나감, 새나옴
늑골(肋骨)	갈비뼈
니토(泥土)	①진흙, 질흙 ②개흙, 갯벌
다각도(多角度)	여러 모
다과(多寡)	많고 적음
다년간(多年間)	여러 해 동안
다년생(多年生)	여러해살이
다대(多大)하다	①크다 ②많다
다류(多類)	여러 갈래
다망(多忙)하다	(매우) 바쁘다
다모작(多毛作)	여러그루짓기
다반사(茶飯事)	예삿일, 흔한 일
다발(多發)하다	잦다
다방면(多方面)으로	여러 모로
다소(多少)	①조금 ②많고 적음
다수인(多數人)	많은이, 여러 사람
다양(多樣)	여러 모양
다중(多衆)	뭇사람
다포(茶圃)	차밭
다학기제(多學期制)	여러 학기제
단(單)	하나
단(但)	다만
단견(短見)	좁은 소견 / 좁은 의견
단경기(端境期)	햇곡 때
단계적(段階的)으로	차례차례
단고(談合)	짬짜미

순화 대상	순화어
단근 작업(斷根作業)	뿌리 끊기
단근이식(斷根移植)	뿌리 끊어 심기
단기(短期)	짧은 기간
단독(單獨)	홀로, 혼자(서)
단독(單獨)으로	혼자서, 홀로
단말(端末)	끝
단목(斷木)	잘라내기
단목(短木)	토막 나무
단미(斷尾)	꼬리 자르기
단발(短髮)	짧은 머리
단변(短邊)	짧은 변
단부(端部)	끝부분
단삭(短削)하다	짧게 깎다, 짧게 자르다
단서(端緖)	실마리
단선(斷線)되다	줄 끊기다
단소(短小)	짧고 작음
단수(端數)	①우수리, 거스름 ②끝수 <수학>
단시일(短時日)	짧은 날
단신(短信)	토막 소식
단안(單眼)	외눈
단적공(段積工)	단 쌓기
단적(端的)으로	한마디로, 다잡아 말하면
단절(段切)	단 끊기 <철도>
단절(斷絶)하다	(관계를) 끊다
단점(短點)	①나쁜 점 ②부족한 점
단주(端舟)	작은 배
단지(短枝)	짧은 가지
단지(但只)	겨우, 오직
단차(段車)	고저차
단척(短尺)	짧은 길이
단축(短縮)하다	줄이다
단행(單行)	(기관차) 단축 운행
단화(短靴)	구두

순화 대상	순화어
달성(達成)하다	이루다, 이룩하다
달시 전달표(達示傳達表)	지시 전달표
달(達)하다	이르다
담가(擔架)	들것
담(擔)군	짐꾼
담보(擔保)	잡음
담수(湛水)	①괸 물 ②물채우기
담수(淡水)	민물
담적색(膽赤色)	연붉은 빛
담즙(膽汁)	쓸개즙
담화(談話)	이야기
답(畓)	논
답동(踏動)	밟아 움직임
답면	닿는 면 <철도>
답변(答辯)	대답
답보(踏步)	제자리 걸음
답사(踏査)	실제 조사, 현지 조사
답습(踏襲)하여	그대로 따서, 본받아서
답작(畓作)	논농사
답전작(畓前作)	논앞갈이
답지(遝至)하다	잇달아 들어오다
당과(當課)	①우리 과 ②그 과
당국(當局)	①그 국 ②우리 국
당귀(當歸)	①승검초 뿌리 ②당귀
당면 과제(當面課題)	닥친 일
당무자(當務者)	담당자
당부(當付)하다	부탁하다
당시(當時)에	그때에
당연(當然)히	마땅히
당월(當月)	그 달
당일(當日)	그 날
당장(當場)	곧, 지금, 바로
당접(當接)	맞닿음
당착(撞着)	앞뒤안맞음

순화 대상	순화어
당청(當廳)	①그 청 ②우리 청
당초(當初)	애초, 맨 처음
당해(當該)	그
대(垈)	①집터 ②대지
대가(貸家)	셋집
대가(代價)	값
대각선(對角線)	맞모금
대개(大槪)	거의
대거(帶鉅)	띠톱
대거(大擧)	①한꺼번에 ②많이
대거반(帶鉅絆)	띠톱
대검(大劍)	큰 칼
대견(對見)	마주봄
대결(代決)	대리 결재
대과(大過)	큰 허물, 큰 잘못
대국민(對國民)	국민앞
대금(貸金)	①꾸어준 돈 ②돈놀이
대금 인환(代金引換)	대금 치름
대기(待機)하다	기다리다
대길(大吉)이다	아주/매우 좋다
대내 문서(對內文書)	내부용 문서
대단(大端)히	매우, 아주
대도(大道)	①한길, 큰길 ②바른 길
대도(大盜)	큰 도둑
대독(代讀)	대신 읽음
대동소이(大同小異)하다	비슷하다
대동(帶同)하다	①(…와) 더불다 ②(…을) 데리다
대두(擡頭)	나타남
대두(擡頭)하다	①나타나다 ②고개 들다
대등(對等)	똑같다
대량(大量)	많은 양
대로(大路)	큰 길
대마(大麻)	삼

순화 대상	순화어
대마초(大麻草)	삼
대매출(大賣出)	크게팔기
대명(待命)	명령기다림
대목(臺木)	밑나무, 바탕나무
대목(大木)	큰 나무
대묘(大苗)	큰 모
대무(代務)	대리 근무
대물(代物)하다	다른 것으로 바꾸다
대별(大別)하다	크게 나누다
대부(貸付)하다	빌려 주다
대비(對比)	견줌
대비(對備)	준비
대사(大事)	①큰일 ②중요한 일
대사(對査)하다	대조 확인하다
대상금(貸上金)	빌린 돈
대성(大聲)	큰 소리
대소(大小)의	크고 작은
대쇄립(大碎粒)	굵은 싸라기
대습 상속(代襲相續)	대 이어 물림
대신(代身)하다	갈음하다
대안(對岸)	건너언덕
대여(貸與)하다	빌려 주다
대외 문서(對外文書)	외부용 문서
대요(大要)	줄거리
대용(貸用)	빌려 씀
대용량(大容量)	큰 부피
대위(代位)	대리
대응(對應)하다	①맞추다 ②상대하다
대인(代人)	대리인
대입(袋入)된	①포장된 ②자루에 담긴
대장(臺帳)	장부
대저(大抵)	무릇
대절(貸切)하다	전세 내다
대좌(對坐)하다	마주 앉다

순화 대상	순화어
대지(帶紙)	띠지
대지(垈地)	집터
대지공(帶芝工)	띠때 붙이기
대질(對質)	무릎맞춤
대차(擡車)	운반차
대청(帶靑)	푸른 띠
대추(大雛)	큰 병아리
대치(代置)	바꿈
대치(對峙)하다	맞버티다
대칭(臺秤)	받침저울
대퇴(大腿)	넓적다리
대편(大片)	굵은 삼
대하(貸下)	빌려 줌, 꾸어 줌
대(代)하다	갈음하다
대행(代行)	대신 행함
대향부(對向部)	마주보는 부분
대향(對向)하다	마주보다
대호(對號)	관련 문서 (번호)
도강(渡江)하다	강 건너다
도검(刀劍)	칼
도고(稻藁)	볏짚
도과(到過)하다	경과하다
도괴(倒壞)	①무너짐 ②무너뜨림
도구(道具)	연장, 연모
도굴(盜掘)하다	몰래 파내다
도급(都給)	도맡음
도기(陶器)	오지 그릇
도단즙(鉛丹葺)	함석 지붕
도달(到達)하다	이르다
도달증(到達證)	배달 (지급) 통지서
도달증료(到達證料)	배달 (지급) 통지 요금
도라후다	만능 제도판
도래(到來)하다	이르다, 오다, 닥치다
도록(都錄)	목록

순화 대상	순화어
도말(塗抹)하다	지워 없애다
도모(圖謀)하다	꾀하다
도박(賭博)	노름
도벽(盜癖)	훔치는 버릇
도복(倒伏)	쓰러짐
도복목(倒伏木)	쓰러진 나무
도복방지(倒伏防止)	쓰러짐 방지
도색(塗色)	색칠
도서(島嶼)	섬
도선(渡船)	나룻배
도선장(渡船場)	나루터
도수(徒手)	맨손
도수(導水)	①물을 끌어들임 ②물을 끌어올림
도수로(導水路)	물댈 도랑
도순 구분	(배달) 순서 구분
도시(圖示)하다	그림으로 보이다, 그려 보이다
도야(陶冶)하다	①갈다 ②닦다
도약(跳躍)하다	뛰어오르다
도언(徒言)	군소리
도열(堵列)하다	늘어서다
도용(盜用)하다	훔쳐 쓰다, 몰래 쓰다
도입(導入)하다	들여오다, 끌어 들이다
도장(徒長)	웃자람
도장(塗裝)하다	칠하다
도재(圖載)	그려 넣음
도정(道程)	가는 길
도정(搗精)	방아 찧기
도정 공장(搗精工場)	방앗간
도제(島堤)	섬 방파제
도주(逃走)하다	달아나다
도중 회차(途中回車)	중간(에서 차)돌림
도찰(塗擦)	바르기, 칠하기
도처(到處)에서	곳곳에서

순화 대상	순화어
도출(導出)하다	①찾아내다 ②이끌어내다
도탄(塗炭)	몹시 어려움
도포제(塗布劑)	바르는 약
도포(塗布)하다	바르다
도표(圖表)	그림표
도품(盜品)	도난 물품
도(睹)하다	걸다, 내기하다
도하(渡河)하다	물(을) 건너다
도한(盜汗)	식은땀
도화(圖畵)	그림
도화(稻花)	벼꽃
독가촌(獨家村)	외딴집
독거(獨居)	홀로 삶
독거 노인(獨居老人)	홀로 사는 노인
독거 수용(獨居收容)	홀로 가둠
독거실(獨居室)	혼잣방
독나지(禿裸地)	①민둥산 ②민둥
독려(督勵)하다	장려하다, 추어주다
독력(獨力)으로	혼자 힘으로
독립 가옥(獨立家屋)	외딴집 / 홀로 집
독방(獨房)	혼잣방
독방 수용(獨房收容)	홀로 가둠
독서(讀書)	책읽기
독우(犢牛)	송아지
독자적(獨自的)으로	혼자서, 저홀로
독점(獨占)	독차지
독찰(督察)	감독
독촉장(督促狀)	재촉 서류
돈독(敦篤)하다	두텁다
돈두(豚痘)	돼지마마
돈사(豚舍)	돼지우리
돈절(頓絶)하다	끊어지다
돌발(突發)	갑자기 일어남
돌설(突設)	돌출 설치

순화 대상	순화어
돌연(突然)	갑자기, 별안간
돌입(突入)하다	들어가다
돌제(突堤)	돌출 둑
돌파(突破)하다	①넘어서다 ②깨뜨리다 ③뚫고 나가다
동(同)	같음
동거(同居)하다	같이 살다
동건(同件)	같은 건 / 같은 일
동경(胴徑)	(삼)몸통 굵기
동계(同系)	같은 계열
동계(冬季)	겨울
동고병(胴枯病)	줄기마름병
동공(瞳孔)	눈동자
동기(冬期)	겨울 (동안)
동기(同期)	같은 기(간)
동년(同年)	같은 해
동등(同等)한	같은
동력 분무기(動力噴霧器)	동력 뿜개
동력 절상기(動力切桑機)	뽕잎 써는 기계
동력거(動力鋸)	기계톱, 동력톱
동륜(動輪)	차바퀴
동면(冬眠)	겨울잠
동모(冬帽)	겨울 모자
동반(同伴)하다	함께 오다 / 함께 가다
동복(冬服)	겨울옷
동봉(動蜂)	일벌
동봉(同封)하다	함께 보내다
동사(凍死)하다	얼어 죽다
동상 개소(凍傷個所)	언 부분
동선(銅線)	구리선
동성혼(同姓婚)	같은성혼인
동소(同所)	같은 곳
동승(同乘)하다	함께 타다 / 같이 타다
동시(同時)에	①같은 때 / 시간에 ②아울러

순화 대상	순화어
동아(冬芽)	겨울눈
동액(同額)	같은 액수
동어(同語)	같은 말
동요(動搖)	흔들림
동인(同人)	①같은 사람 ②그 사람
동일(同日)	①같은 날 ②그 날
동일(同一)한	같은
동장(胴長)	(삼)몸통 길이
동전(同前)	①위와 같음 ②앞과 같음
동정(動靜)	①움직임 ②형편
동조(同調)하다	①편들다 ②따르다
동참(同參)하다	함께하다
동체(胴體)	몸통
동태(動態)	움직임
동파(凍破)되다	얼어 터지다
동포자(冬胞子)	겨울 홀씨
동할립(胴割粒)	금간 알
동향(動向)	움직임세, 움직임쪽
동해(凍害)	언 피해
동해구(凍害球)	언 알
동행(同行)하다	①같이 가다 ②같이 하다
두류(豆類)	콩류
두문(頭文)	머리글
두발(頭髮)	머리털, 머리(카락)
두부(頭部)	머리
두부 직경(頭部直徑)	윗지름
두서(頭書)	머리말, 머리글
두서(頭緖)	차례
두절(杜絶)되다	끊기다, 끊어지다
두창(痘瘡)	마마, 천연두
둔부(臀部)	①엉덩이 ②궁둥이
둔화(鈍化)되다	무디어지다, 둔해지다
득상(得喪)	얻음과 잃음
득실(得失)	얻음과 잃음

순화 대상	순화어
득(得)하다	①받다 ②얻다
등(等)	①들, 따위 ②(··)와 같은
등귀(騰貴)하다	오르다, 비싸지다
등급찰(等級札)	등급표
등기제증(登記濟證)	등기필증
등단(登壇)	연단 오름, 자리 오름
등대수(燈臺手)	등대지기
등록장(登錄長)	등록 길이
등목(登木)	나무 오르기
등산 도수(謄算度數)	회전 도수
등산 장치(謄算裝置)	계산 장치
등산로(登山路)	등산길
등외(等外)	등급 밖, 급수 밖
등외 판정(等外判定)	등급 밖 / 급수 밖 판정
등용(登用)하다	뽑다
등재(登載)하다	기록하여 올리다
등청(登廳)	관출근
등초(謄抄)하다	복사하다
등한시(等閑視)하다	소홀히 하다
등화(燈火)	①등불 ②불빛
등화관제(燈火管制)	불빛가리기
마멸(磨滅)하다 / 마멸(磨滅)되다	닳다
마모율(磨耗率)	닳은 율
마법병(魔法瓶)	보온병
마쇄(磨碎)	갈아 부수기
마연사(麻撚絲)	삼노끈
마자(麻子)	삼씨
마포(麻布)	①삼베 ②자루걸레
마필(馬匹)	말
막강(莫强)	아주 셈
막론(莫論)하고	말할 나위 없이
막료(幕僚)	참모
막역(莫逆)한 사이	(아주) 친한 사이
막중(莫重)한	아주 중요한

순화 대상	순화어
만개(滿開)하다	활짝 피다
만경류(蔓莖類)	덩굴류
만기력부(滿期曆簿)	형기 종료 기록부
만료(滿了)되다	끝나다
만료일(滿了日)	끝나는 날
만면(滿面)	온 얼굴
만반(蔓返)	덩굴 뒤집기
만상(晚霜)	늦서리
만식지(晚植地)	늦심기 논
만연(蔓延)하다	①번지다 ②널리 퍼지다
만연(漫然)히	되는대로
만연(慢然)하다	주의를 게을리 하다, 태만하다, 되는대로이다
만유루(萬遺漏)없이	①빠짐없이 ②빈틈없이
만작(晚作)	늦가꾸기
만전(萬全)을 기하다	빈틈없이 하다, 틀림없이 하다
만절(蔓切)	덩굴치기
만조(滿潮)	한사리
만차(滿車)	차가득
만찬(晚餐)	저녁 식사
말구(末口)	끝동부리
말구경(末口徑)	끝동부리 지름
말단(末端)	끝
말단 부서(末端副署)	일선 부서
말미(末尾)	①끝 ②뒤
말살(抹殺)하다	없애다
말소(抹消)하다	지워 없애다
말일(末日)	끝날, 마지막 날
망(網)	그물
망각(忘却)하다	잊어버리다, 잊다
망구전개판(網球展開板)	그물전개판
망라(網羅)하다	통틀다, 휘몰다
망모(亡母)	돌아가신 어머니
망목(網目)	그물코

순화 대상	순화어
망실(亡失)하다	잃다, 잃어버리다
망어구류(網漁具類)	(고기잡이) 그물(류)
망입(網入)	그물 넣기
망진(望診)	(겉)보기 진단
매(梅)	매실
매각(賣却)하다	팔(아 버리)다
매년(每年)	해마다
매(每)달	다달이, 달마다
매도(梅桃)	앵두
매도인(賣渡人)	①판 사람 ②파는 사람
매도(賣渡)하다	팔다
매득금(賣得金)	판돈, 판매 이익금
매려(賣戾)	되사들임
매립지(埋立地)	메운 땅
매립(埋立)하다	메우다
매매(賣買)	팔고사기
매목(埋木)	①쐐기 ②화석 나무
매목별(每木別)로	나무마다
매몰(埋沒)되다	(파)묻히다
매번(每番)	번번이
매사(每事)	일마다, 모든 일
매설공(埋設工)	파묻기
매설(埋設)하다	파묻다
매수(枚數)	장수
매수인(買受人)	①산 사람 ②살 사람
매수(買收)하다	사들이다
매월(每月)	다달이
매일(每日)	날마다
매입(買入)하다	사들이다
매장(埋葬)하다	묻다
매점매석(買占賣惜)	사재기
매주(買主)	산 사람 / 살 사람
매주(賣主)	판 사람 / 팔 사람
매주(每週)	주마다

순화 대상	순화어
매진(賣盡)되다	다 팔리다
매진(邁進)하다	힘차게 나아가다
매팔부(買捌簿)	판 장부
매표구(買票口)	표 사는 곳
매표소(買票所)	표 사는 곳
매행(賣行)	팔림세
매호(每戶)	집집마다
맥간작(麥間作)	보리사이심기
맥강(麥糠)	보릿겨
맥고(麥藁)	보릿짚
맥락(脈絡)	①줄기 ②계통
맥류([麥類)	보리(류)
맥류예취(麥類刈取)	보리 베기
맥주맥(麥酒麥)	맥주보리
맹아(盲兒)	눈먼 아이
맹아(萌芽)	움
맹아갱신(萌芽更新)	움 갈이, 새싹갈이
면(眠)	잠
면구(面灸)스럽다	부끄럽다
면기(眠期)	잠 잘 때
면업자(免業子)	작업 면제자
면적(面積)	넓이
면전(綿栓)	솜 마개
면전(面前)	①눈앞 ②(얼굴) 앞
면책 증서(免責證書)	책임 없는 증서
면책(免責)되다	책임 벗다
면탈(免脫)	벗어남
면탈(免脫)을 목적(目的)으로	벗어날 목적으로
면포(綿布)	무명(베)
면화(棉花)	목화
멸각(滅却)하고자	없애 버리고자
멸실(滅失)하다	없어지다
명감(銘感)하다	깊이 느끼다, 깊이 깨닫다
명거 배수(明渠排水)	겉도랑 물 빼기

순화 대상	순화어
명도(明渡)하다	①내주다 ②넘겨주다
명란(明卵)	명태 알
명령 사항(命令事項)	꼭 지켜야 할 사항 / 시킴 사항
명령(命令)을 / 지시(指示)를 발(發)하다	명령을 / 지시를 하다
명료(明瞭)하다	분명하다, 똑똑하다
명멸(明滅)하다	깜박거리다
명명(命名)하다	이름(지어) 붙이다
명목(名目)의 여하(如何)를 불문(不問)하고	어떤 이유로도, 어떤 까닭으로도
명문화(明文化)	문서로 밝힘
명부(名簿)	이름 책
명시(明示)	밝힘
명시 이월(明示移越)	밝혀 넘김
명시(明示)하다	밝히다
명실공(名實共)히	겉속이 같게
명(命)에 의거(依據)	①말씀에 따라 ②명령에 따라
명의(名義)	이름
명의 환서(名義換書)	이름 바꿔 적기
명정(酩酊)하다	술에 취하다
명주(名酒)	이름난 술
명칭(名稱)	이름
명패(名牌)	이름패
명표(銘標)	①자랑표 ②이름난 (상)표
명(命)하다	명령하다, 시키다
명(命)할 수 있다	명령할 수 있다, 시킬 수 있다
모(毛)	털
모가지	목
모국(某局)	어느 국, 아무 국
모근(毛根)	털뿌리
모돈(母豚)	어미돼지
모두(冒頭)	(첫)머리
모면(謀免)하다	벗어나다, 면하다
모모(某某)	아무 아무
모발(毛髮)	머리털

순화 대상	순화어
모사 우표(模寫郵票)	①위조 우표 ②베낌 우표
모색(摸索)하다	찾다
모선(母船)	큰 배, 어미 배
모수(母樹)	어미 나무
모수림(母樹林)	어미 나무숲, 어미수풀
모순(矛盾)	어긋남
모아 검사(母蛾檢査)	나방 검사
모연(毛筵)	너덜 거적
모용(冒用)	속여 씀
모우(牡牛)	수소
모재(母材)	용접물
모지(母枝)	어미가지
모집 요강(募集要綱)	모집 안내
모집자(募集者)	모집인
모체(母體)	본체
모피(毛皮)	털가죽
모해(謀害)하다	(무함하여) 헤치다
모형(模型)	①틀 ②본 ③거푸집
모호(模糊)하다	흐릿하다, 흐리터분하다
목각인(木刻印)	나무 도장
목건초(牧乾草)	마른 꼴, 마른 풀
목골(木骨)	나무 뼈대
목근(木根)	나무 뿌리
목단(牧丹)	모란
목도(牧道)	목장길
목도(目睹)하다	보다
목두(木頭)	나무머리 토막
목리(木理)	나뭇결
목모(木毛) 및 대팻밥	대팻밥류
목불인견(目不忍見)	눈뜨고 못 봄, 차마 볼 수 없음
목산(目算)	눈셈, 눈어림, 눈짐작
목상자(木箱子)	나무 상자
목설(木屑)	톱밥

순화 대상	순화어
목야(초)지(牧野草地)	꼴밭
목전(目前)의	눈앞의
목죽(木竹)	대와 나무
목준(木樽)	①나무 술통 ②나무통
목차(目次)	차례
목책(木柵)	①나무 울타리 ②(목장) 울타리
목초(木草)	나무와 풀
목측(目測)	눈대중, 눈어림, 눈짐작
목탄(木炭)	숯
목편(木片)	나뭇조각
목하(目下)	지금, 현재
몰상식(沒常識)하다	못되다, 상식 없다
몰수(沒收)하다	모두 빼앗다, 다 빼앗다
몰지각(沒知覺)하다	지각없다
몰취(沒取)하다	모두 뺏다
몽리(蒙利)	덕봄
몽매(蒙昧)하다	어리석다
묘(錨)	닻
묘(苗)	모
묘대(苗垈)	못자리
묘령 인하(苗齡引下)	모나이 낮추기
묘목(苗木)	①나무모 ②모
묘목대(苗木袋)	모 망태
묘박(錨泊)	정박, 닻 내림
묘발취(苗拔取)	묘 뽑기, 모찌기
묘상(苗床)	모(종)판
묘안(妙案)	좋은 생각
묘연(杳然)하다	감감하다
묘지(錨地)	정박지
묘판(苗板)	못자리
무강(無彊)	끝이 없음
무개(無蓋)	덮개 없는, 뚜껑 없는
무개차(無蓋車)	덮개 없는 차

순화 대상	순화어
무결속엽(無結束葉)	민꼭짓잎
무고(誣告)	거짓 고발
무과실(無過失)	잘못 없음
무관(無關)하다	관계없다
무근(無筋)	철근이 없음
무기명(無記名)	이름 안씀
무난(無難)하다	괜찮다
무단 사용(無斷使用)	마음대로 씀
무단 이석(無斷離席)	마음대로 자리 비움
무단(無斷)히	함부로, 허락 없이
무례(無禮)하다	버릇없다
무루(無漏)	빠짐 없이
무망(務望)하다	바라다
무방(無妨)하다	괜찮다
무비판적(無批判的)으로	비판 없이, 생각 없이
무산(霧散)되다	①안 되다 ②못하다 ③흩어지다
무신호기(霧信號機)	안개 신호기
무연고(無緣故)	연고 없음
무위(無違)	①꼭, 틀림없이 ②어김 없이
무위도식(無爲徒食)하다	놀고 먹다
무육(撫育)	보살펴 기름
무육(撫育)하다	보살펴 기르다
무인(拇印)	손도장
무인원(拇印願)	손도장 신청서
무임(無賃)	삯없음
무자격(無資格)	자격 없음
무작위(無作爲)	임의
무적자(無籍者)	국적 / 호적이 없는 자
무주 부동산(無主不動産)	주인 없는 부동산
무주물(無主物)	임자 없는 물건
무주(無主)의	주인 없는
무주택(無住宅)	집 없음
무주택자(無住宅者)	집 없는 사람

순화 대상	순화어
무중 신호(霧中信號)	안개 속 신호 <항만>
무지(無知)	모름
무지(拇指)	엄지(손가락)
무진사(無診査)	진찰 면제
무진장(無盡藏)	수 없음, 수 없이
무창층(無窓層)	창 없는 층
무해(無害)하다	해가 없다
무화(無火)	①불 없는 ②기관이 꺼진 <철도>
무효(無效)	효력 없음
무후가(無後家)	대 끊긴 집
묵과(黙過)하다	넘겨 버리다
묵살(黙殺)	무시, 뭉갬
묵수(墨守)하다	지키다
묵인(黙認)하다	(알고도) 넘겨 버리다
문(問)	물음
문고병(紋枯病)	잎진 무늬 마름병
문란(紊亂)한	어지러운
문리(紋理)	무늬
문부(文簿)	①문서 ②장부
문비(門扉)	문, 문짝
문서화(文書化)하여	문서로 만들어
문의(問議)하다	묻다
문자(文字)를 해독(解讀)하다	글자를 읽어서 알아내다
문지하다(聞知)	들어 알다
문책(問責)하다	책임(을) 묻다
문체(文體)	글투
물가(物價)	물건값
물론(勿論)	으레, 말할 것 없이
물의(物議)	말썽
물의(物議)가 야기(惹起)되는	말썽이 이는
물치(物置)	광, 헛간
물피(物被)	물적 (재산) 피해
물형(物形)	물건꼴

순화 대상	순화어
미(尾)	①꼬리 ②마리 <단위>
미가(米價)	쌀값
미간(眉間)	눈썹 사이
미강(米糠)	쌀겨
미결(未決)	처리되지 않음, 결재 않음
미경화용견(未硬化蛹繭)	선고치
미곡상(米穀商)	①쌀가게, 싸전 ②쌀장사 ③쌀장수
미구(未久)에	머지않아
미급(未急)	(그다지) 급하지 아니함
미급(未及)하여	미치지 못하여
미납(未納)	내지 않음
미달(未達)	못 미침
미담(美談)	좋은 일
미대출(未貸出)되다	안 꾸어 주다
미도래(未到來)하다	오지 않다
미등(尾燈)	뒷등, 꼬리등
미등기(未登記)	등기 안 됨
미래(未來)	앞날
미력(微力)	작은 힘
미립(微粒)	잔알, 잔알갱이
미명(未明)	날이 밝기 전
미미(微微)한	보잘 것 없는
미봉책(彌縫策)	눈가림, 임시책
미분탄(微粉炭)	가루탄
미비(未備)한	덜 갖춘
미상(未詳)	잘 모름
미상불(未嘗不)	아닌 게 아니라
미소(微笑)	빙긋 웃음
미숙엽(未熟葉)	설익은 잎
미심 사항(未審事項)	의심 나는 일
미아(迷兒)	길 잃은 아이
미연(未然)에	미리
미연(未然)에 방지(防止)하다	미리 막다

순화 대상	순화어
미온적인(微溫的)	미지근한
미의(微意)	작은 뜻
미익면(尾翼面)	꼬리날개 표면
미제(未濟)	처리 안 됨
미증유(未曾有)	전에 없음
미지수(未知數)	알 수 없음
미진학(未進學)	①진학 않음 ②진학 못함
미징수(未徵收)된	걷히지 않은
미취업(未就業)	①취직 않음 ②취직 못함
미취학 아동(未就學兒童)	학교에 입학하지 않은 어린이
미필(未畢)	못 마침
미화용견(未化蛹繭)	누에 든 고치
미흡(未洽)하다	모자라다
민간인(民間人)	일반인
민도(民度)	문화 수준
밀고(密告)하다	(몰래) 고자질하다
밀렵(密獵)하다	몰래 사냥하다
밀매(密賣)하다	몰래 팔다
밀반입(密搬入)	몰래 들여옴
밀반출(密搬出)	몰래 내감
밀봉(蜜蜂)	꿀벌
밀식(密植)	배게 심기
밀원(蜜源)	꿀밭
밀전(密栓)	마개, 막음
밀전부(密栓部)	마개 자리
밀집(密集)된 / 밀집(密集)한	빽빽하게 들어선
밀폐(密閉)하다	꽉 닫다
박두(迫頭)하다	닥쳐 오다
박리(剝離)	벗겨내기, 벗겨짐
박멸(撲滅)	아주 없앰
박봉(薄俸)	쥐꼬리 봉급
박수(拍手)	손뼉
박엽(薄葉)	얇은 잎
박용(舶用)	선박용

순화 대상	순화어
박지(薄紙)	얇은 종이
박지(泊地)	정박지
박차(拍車)를 가하다	힘쓰다, 온 힘을 기울이다
박철(薄鐵)	얇은 철판
박취(剝取)	떼어 냄
박탈(剝奪)하다	①빼앗다 ②없애다
박토(薄土)	메마른 땅
박편(薄片)	①얇은 판 ②얇은 조각
박피(剝皮)	껍질 벗기기
박피(薄皮) 고치	얇은 고치
박피 정도(剝皮程度)	벗긴 정도
박해(雹害)	우박 피해
반경(半徑)	반지름
반납(返納)	되돌려 줌
반려(返戾)하다	되돌려 보내다
반문(斑紋)	얼룩 무늬
반복(反復)	되풀이
반복 수행(反復遂行)	되풀이
반소(反訴)	맞소송, 되소송
반송(返送)	되돌려 보냄
반송(搬送)하다	실어 보내다
반숙(半熟)	반 익힘
반신권(返信券)	회신 우표권
반엽병(斑葉病)	줄무늬병
반전(返電)	회전, 답전
반점(斑點)	얼룩점, 점무늬
반제(返濟)하다	(돈을) 갚다
반착 소포(返着小包)	되돌아 온 소포
반착 우편 엽서(返着郵便葉書)	되돌이 우편 엽서
반추(反芻)	(되)새김(질)
반출(搬出)하다	실어 내다
반포(頒布)하다	널리 펴다
반(反)하다	거스르다
반(反)하여	(…와) 달리

순화 대상	순화어
반환(返還)하다	되돌리다
발간(發刊)하다	펴내다
발광 신호(發光信號)	(불)빛 신호
발군(拔群)	뛰어남, 빼어남
발굴(發掘)	파냄, 파기
발굴(發掘)하다	①파내다 ②찾아내다
발동기부구명정(發動機付救命艇)	동력 구명정
발로(發露)	드러남
발뢰(發蕾)	봉오리 맺기
발미(發黴)하다	곰팡이 슬다
발발(勃發)하다	발생하다, 일어나다
발병(發病)하다	병나다
발본(拔本)하다	뽑아 없애다
발본색원(拔本塞源)하다	뿌리 뽑다
발부(發付)	발급
발송(發送)하다	보내다
발송 문서(發送文書)	보내는 문서
발송인(發送人)	보내는 사람, 보낸 이
발송인지시표(發送人指示標)	발송인 지시서
발수신(發受信)하다	발신 및 수신하다
발신(發信)	보냄
발신인(發信人)	보내는 사람
발아(發芽)	싹트기, 싹틈
발양(發揚)하다	떨치다
발연(發煙)하다	연기 내다, 연기 피우다
발육최성기(發育最盛期)	한창 자랄 때
발의(發議)하다	의견 내다
발족(發足)하다	출발하다, 시작하다
발주(發注)하다	주문하다
발췌(拔萃)하다	뽑아 내다
발치(拔齒)	이 뽑기
발탁(拔擢)하다	뽑다
발탈(拔脫)하다	뽑아 내다
발(發)하다	①발송하다 ②발표하다 ③내다

순화 대상	순화어
발한(發汗)	땀 남
발행처(發行處)	펴낸 데 / 펴낸 곳
발현(發現)하다	드러내다, 드러내 보이다
발화(發火)하다	불나다, 불내다
발회(發會)	개장(일)
발효(醱酵)	뜨다, 띄우다
발휘(發揮)하다	떨치다
방광(膀胱)	오줌보
방괴(方塊)	(방파용) 콘크리트덩이
방기(放棄)하다	내버리다
방념(放念)	마음 놓음, 안심
방뇨(放尿)	소변보기, 오줌 누기
방대(尨大)하다	매우 크다
방류(放流)	흘려 보내다, 떠내려 보내다
방목(放牧)	놓아먹이기
방석(方席)	깔개
방수(傍受)하다	곁듣다, 엿듣다
방습(防濕)	습기 방지
방심하다(放心)	마음 놓다
방안만석(方眼萬石)	눈사름틀
방위(防衛) 앞치마	안전 치마
방위(防衛)하다	지키다
방임(放任)하다	(내)버려 두다
방정(方正)하다	바르고 점잖다
방조제(防潮堤)	갯둑
방조(幇助)하다	거들다, 돕다
방지(防止)하다	막다
방책(方策)	방법과 계책
방출(放出)하다	풀(어 내)다
방치(放置)하다	버려 두다, (내)버려 두다
방패면(防牌面)	얼굴 가리개
방풍림(防風林)	바람막이 숲
방향(芳香)	향기
방향(方向)	편, 쪽

순화 대상	순화어
방화(邦畵)	국산 영화
방화(防火)	불막기
방화선(防火線)	불막음선
방화(放火)하다	불놓다, 불지르다
배(倍)	갑절
배가(倍加)	갑절 늘림
배격(排擊)	물리침
배급(配給)	나누어주다
배뇨(排尿)	오줌누이기
배당(配當)	①몫 ②벼름
배당(配當)하다	나누(어주)다
배려(配慮)하다	마음(을) 쓰다
배면(背面)	등 면 / 등 쪽
배명(拜命)받아	①명령받아 ②임명받아
배물(排物)	쓰레기, 버린 것
배부(配付)하다	나누어주다
배부형(背負型)	등짐식
배분(配分)	나눔
배상(拜上)	올림
배서(背書)	뒷보증
배석(陪席)하다	자리를 같이 하다
배소(焙燒)	덖기
배수(倍數)	두 배
배수(排水)	물 빼기
배수 관거(排水管渠)	물 빼기 도랑
배수공(排水孔)	물 빼기 구멍
배수구(排水溝)	물 빼기 도랑
배수로(排水路)	물 빼는 길
배수(拜受)하다	받다
배알(拜謁)하다	(찾아)뵙다
배양(培養)하다	기르다
배역(配役)	맡은 역할
배연(排煙)	연기 배출
배열(配列)	늘어놓음

순화 대상	순화어
배장기(排障機)	장애물 제거기 <철도>
배전(倍前)	더한층
배정(配定)	①정해 줌 ②나눠 줌
배제(排除)하다	물리치다
배지(背紙)	뒷장
배출(排出)하다	내보내다
배치(背馳)하다 / 배치(背馳)되다	어긋나다
배포(配布)하다	나누어주다
배합(配合)	섞기
백(白)	아룀, 사룀
백대(白帶)	흰 띠
백미(白眉)	최고, 가장 뛰어남, 으뜸
백백(白柏)	알 잣
백분(白粉)	흰 가루
백사(白沙)	흰 모래
백색(白色)	흰색
백서(白書)	(종합) 보고서
백쇄미(白碎米)	싸라기
백운(白雲)	흰 구름
백일장(白日場)	글짓기 대회
백주(白晝)	대낮
백출(白朮)	삽주뿌리
백피(白皮)	흰 껍질
백합(百合)	나리
백합과(百合科)	나리과
백화(白樺) 나무	자작 나무
번복(飜覆)하다	뒤엎다
번사(番舍)	숙소
번호찰(番號札)	번호표
벌(筏)	뗏목
벌근(伐根)	그루터기
벌금(罰金) / 과태료(過怠料)에 처(處)하다	벌금 / 과태료를 과(科)하다, 벌금 / 과태료를 매기다, 벌금 / 과태료를 물리다

순화 대상	순화어
벌기령(伐期齡)	벨 나이
벌채(伐採)하다	나무(를) 베다
범람(氾濫)하다	넘치다
범례(凡例)	일러두기
범부(凡夫)	보통 사람
범선(帆船)	돛단배
범의(犯意)	(법을) 어길 뜻, (일을) 저지를 / 범할 뜻
범인성(犯因性)	범죄의 원인이 되는
범장(帆裝)	돛
범정(犯情)	범행 기미
범주(範疇)	테두리, 범위
범칙(犯則)	법 어김
범(犯)하다	저지르다
법면(法面)	비탈 쪽 / 비탈면
법익(法益)	법이익
벽공(碧空)	푸른 하늘
벽두(劈頭)	첫머리
벽지(僻地)	외딴 곳
변개(變改)하다	다르게 고치다
변경(邊境)	변두리
변경(變更)하다	바꾸다
변별(辨別)하다	가리다, (옳고 그름 등을) 분별하다
변상(辨償)하다	갚다, 물다
변소(辨疏)	변명
변속기(變速機)	속도 조절기
변작(變作)	고쳐 만듦
변제(辨濟)하다	갚다, 물다
변조(變造)	고쳐 꾸밈
변태(變態)	비정상
변형(變形)	바뀐 모습
별갑(鱉甲)	자라등딱지
별개(別個)의	다른

순화 대상	순화어
별단(別段)의	①다른 ②특별한
별도(別途)로	따로
별송(別送)	따로 보냄
별송품(別送品)	따로 보낸 짐
별시(別時)	다른 때
별지(別紙)	딴 종이, 딸린 종이
별첨(別添)	붙임
별표(別表)	따로 붙인 표
별항(別項)	딴 항목
병과립(病顆粒)	병든 알
병급(倂給)하다	함께 내주다, 같이 내주다
병기(倂記)하다	함께 쓰다, 함께 적다
병사(病舍)	병동
병산(倂算)하다	같이 셈하다, 함께 셈하다
병수(倂授)	아울러 줌
병용(並用)하다	같이 쓰다, 함께 쓰다
병주(病株)	병든 포기
병증세(病症勢)	아픈 증세
병징(病徵)	병 증세, 병 징후
병합(倂合)	합침
병합처리(倂合處理)하다	함께 처리하다, 아울러 처리하다
병행(並行)하다	함께 하다
보결(補缺)	채움
보곡공(保谷工)	골막이
보관 전보(保管電報)	배달 불능 전보
보궐(補闕)	자리 메움
보궐 선거(補闕選擧)	메우기 선거
보균자(保菌者)	병균 지닌 사람
보도(輔導)	지도
보류(保留)하다	미루다
보리 답압(踏壓)	보리밟기
보상(報償)	갚음
보상(補償)	채워줌

순화 대상	순화어
보상공(保床工)	바닥막이
보선(補選)	메우기 선거
보수(保手)	자기앞 수표
보수하다(補修)하다	고치다
보식(補植)	메워 심기
보안공(保岸工)	기슭막이
보유(保有)하다	지니다
보장(保掌)	보유관장
보전(補塡)하다	채우다, (메워) 보충하다
보정(補正)	바로잡음
보조삭(補助索)	보조 밧줄 / 도움 밧줄
보족(補足)	보충
보지기(報知機)	신호기
보지(保持)하다	지니다, 간직하다
보철구(補綴具)	보조 기구
보철(補綴)하다	수선하다
보충 매도(補充賣渡)	채워 팔기 / 기움 팔기
보폭(步幅)	걸음너비
보(補)하다	임명하다
보행(步行)	걸어 다님
보험 서장(保險書狀)	보험 우편
보험 수익자(保險受益者)	보험금 타는 이
보험 약관(保險約款)	보험 규정
보험 연령(保險年齡)	보험 나이
보험료 납제(保險料納濟)	보험료 다 냄
복개(覆蓋)	뚜껑, 덮개
복고(覆藁)	덮짚
복귀(復歸)	되돌아옴, 다시 돌아옴
복대리인(複代理人)	겹 대리인
복도(複道)	긴 마루
복명(復命)	결과 보고
복명서(復命書)	결과 보고서
복몰(覆沒)	뒤가라앉음, 뒤집혀 가라앉음
복본(複本)	겹본

순화 대상	순화어
복사공(覆砂工)	모래 덮기
복사(複寫)하다	베끼다, 뜨다
복용(服用)하다	(약을) 먹다
복장(服裝)	옷차림
복적(復籍)	돌아간 호적
복종(服從)하다	따르다
복진	선로 밀림 <철도>
복토(覆土)	흙덮기
복통(腹痛)	배앓이
복편(復便)	오는 편
복포(覆布)	포장
복항(復航)	귀항(歸航)
본(本)	그루 <나무>
본(부·국·처·청)	우리 (부·국·처·청)
본가 상속(本家相續)	큰집 상속
본건(本件)	이 사건, 이 일
본교(本校)	우리 학교
본권(本權)	이 권리, 본래 권리
본도(本道)	우리 도
본래(本來)	본디
본무(本務)	①본 업무 ②맡은 일
본범(本犯)	본래의 범인
본법(本法)은	이 법은
본색(本色)	바탕
본수(本數)	①개수, 개비 수 ②뿌리 수 ③그루 수
본인(本人)은	나는, 자신은, 저는
본인표(本人票)	본인 확인증
본절(本節)	이 절
본죄(本罪)	본래의 죄
본지(本旨)	본뜻
본질(本質)	본바탕
봉목선(縫目線)	꿰맴 줄
봉부(縫付)	꿰매 붙임

순화 대상	순화어
봉상(蜂箱)	벌통
봉서(封書)	봉함 편지
봉쇄(封鎖)	막음
봉승(縫繩)	꿰맴 새끼
봉연(封鉛)	봉함 납
봉연끈(縫鉛)	봉함 끈
봉인(封印)	봉함 도장, 도장 찍어 봉함
봉입(封入)	넣고 봉함, 봉투 넣기
봉입(捧入)	바침
봉절(封切)	개봉
봉착(封着)	싸 붙이기, 봉하기
봉착(逢着)하다	부닥치다
봉칭(棒秤)	대저울
봉(封)하다	①막다 ②붙이다
부가(附加)하다	덧붙이다
부각(浮刻)하다	드러나다
부검(剖檢)하다	해부하여 검사하다
부과(賦課)하다	①매기다 ②부담시키다
부관(附款)	제한 사항
부교(浮橋)	배다리
부극(負極)	음극
부근(附近)	가까이
부기(附記)	덧 적기
부기(附記)하다	덧적다
부단(不斷)한	끊임없는, 꾸준한
부담(負擔)	짐
부당 염매(不當廉賣)	막팔기
부당(不當)한	옳지 않은
부대(附帶)	딸림, 덧붙임
부대 시설(附帶施設)	딸린 시설
부대 항소(附帶抗訴)	딸림 항소
부대(附帶)되다 / 부대(附帶)하다	딸리다
부동(不同)	다른 치 <수산>
부득불(不得不)	하는 수 없이, 어쩔 수 없이

순화 대상	순화어
부득이(不得已)	할 수 없이
부락(部落)	마을, 동래
부랑인(浮浪人)	떠돌이
부록(附錄)	딸림 글, 딸림 책
부망(敷網)	들그물
부목(附木)	덧댐 나무
부물(附物)	부속물, 딸린 것
부보(附保)	보험 들기
부분(部分)	한쪽
부분 재사(部分再寫)	일부 다시 찍음
부상(浮上)하다	떠오르다
부생(復生)	①다시 생겨남 ②다시 태어남
부생(附生)	더부살이
부석(浮石)	뜬 돌
부선 연락(浮船連絡)	배편 연락
부설(敷設)	시설
부속실(附屬室)	딸림 방, 딸린 방
부수(附隨)하는	따르는
부식(腐蝕)	삭음, 썩음
부식토(腐植土)	썩은 흙
부신(副腎)	곁콩팥
부실 기재(不實記載)	건성 적음
부심(腐心)하다	애쓰다, 힘쓰다
부아립(腐芽粒)	눈 썩은 알
부양((浮揚)	돋움
부언(附言)하다	덧붙여 말하다
부여(賦與)하다	주다
부연승(敷延繩)	뜬주낙
부연(敷衍)하다	덧붙이다
부용(芙蓉)	연(꽃)
부유(浮遊)하다	떠돌다, 떠다니다
부응(副應)하다	따르다
부의 안건(附議案件)	토의 안건
부의(附議)하다	토의에 부치다

순화 대상	순화어
부작위(不作爲)	일부러 안 함
부잔교(浮棧橋)	①뜬 다리, 선창 ②발판 <건설>
부장(部長)	교사(矯査) <교도소>
부재자(不在者)	(집에) 없는 사람, 집 떠난 사람
부재중(不在中)에	없을 때에
부적합(不適合)한	알맞지 않은
부전지(附箋紙)	(붙임)쪽지
부정 행사(不正行使)	그릇된 짓
부족(不足)하다	모자라다
부종(附從)하여	①따라 붙어 ②(…와) 함께
부지(敷芝)	바닥떼
부지불각(不知不覺)	엉겁결에
부지불식간(不知不識間)	모르는 사이
부지정(不指定)	지정하지 않음
부진(不振)	제자리
부착(附着)하다	붙이다
부채(負債)	빚
부책(簿冊)	장부
부책(負責)하다	책임지다
부촌(富村)	부자 마을
부토(浮土)	뜬 흙, 푸석 흙
부패(腐敗)	썩음
부하(負荷)	힘 걸림
부하 불능(負荷不能)	①끌지 못함 ②출력 불능
부(附)하다	붙이다
부합 계약(附合契約)	딸림 계약
부합(符合)하다	(들어)맞다
부화(孵化)	알깨기
부활(復活)하다	되살아나다
북단(北端)	북녘 끝, 북쪽 끝
분(糞)	똥
분계(分界)되다	나뉘다

순화 대상	순화어
분구(焚口)	아궁이
분근묘(分根苗)	뿌리 모(종)
분기기(分岐器)	선로 바꿈 틀
분기초망(焚寄招網)	불빛채그물
분기(分岐)하다	갈라지다, 나누어지다
분납(分納)하다	나누어 내다
분뇨(糞尿)	똥오줌
분니(噴泥)	진흙탕
분담(分擔)하다	나누어 맡다
분량(分量)	①부피 ②수량
분리기(分離器)	고름 틀
분립(分立)되다	(의견이) 나뉘다, 갈리다
분립(分立)하다	나누다
분말(粉末)	가루
분말 소화기(粉末消火器)	가루 불끄개
분망(奔忙)하다	바쁘다
분묘(墳墓)	무덤
분무(噴霧)	뿜기
분무기(噴霧器)	뿜개
분산(分散)하다	흩어지다, 퍼지다
분쇄(粉碎)하다	①부스러뜨리다 ②쳐부수다
분수(分收)	수익 나눔
분수림(分收林)	이익 나눔 숲
분실(紛失)하다	잃어 버리다
분양(分讓)하다	①나눠 주다 ②나눠 팔다
분얼(分蘖)	새끼치기
분음(分飮)하다	나누어 마시다
분장(扮裝)	꾸밈
분장(分掌)하다	나누어 맡다
분쟁(紛爭)	다툼
분주(分株)	포기 나눔
분주묘(分株苗)	포기 모
분주(奔走)하다	바쁘다
분진(粉塵)	먼지

순화 대상	순화어
분책(分冊)	책 가름
분철(分綴)	①나눠 매기 ②갈라 적기, 갈라 적음
분토(糞土)	거름흙
분토(墳土)	무덤 흙
분할(分割)하다	나누다
분화(焚火)	모닥불
불가(不可)	안 됨
불가결(不可缺)한	없어서는 안 될
불가능(不可能)	할 수 없음
불가피(不可避)하게	어쩔 수 없이
불가항력(不可抗力)이다	어쩔 수 없다
불고(不告)	안 알림
불구(不具)	모자람, 못갖춤
불균일(不均一)	고르지 않음
불납(不納)	안 냄
불도(拂渡)	내줌
불량(不良)하다	좋지 못하다
불매(不買)	사지 않음
불매 운동(不買運動)	안사기 운동
불명(不明)하다	알 수 없다, 명확하지 아니하다
불문곡직(不問曲直)	옳고 그름을 묻지 않고
불문(不問)하다	묻지 않다
불미(不美)스러운	좋지 못한
불방(不放)	안 팔기
불배달 사유(不配達事由)	배달 못 한 사유
불복(不服)이 있는 사람은	이의 있는 사람은
불복종(不服從)하다	복종하지 아니하다
불부합(不符合)	맞지 않음
불분명(不分明)하다	분명하지 아니하다
불비(不備)	못 갖춤
불비(不備)하다	갖추어지지 아니하다, 못 갖추다
불수리(不受理)하다	받아들이지 아니하다

순화 대상	순화어
불시(不時)	느닷 없이, 아닌 때
불식(拂拭)하다	씻어 버리다
불신(不信)	못 믿음, 못 믿는
불심자(不審者)	수상한 사람
불연 재료(不燃材料)	않탈 재료
불연성(不燃性)	않탈성
불연(不然)이면	그렇지 아니하면, 아니면
불요품(不要品)	필요 없는 것
불요(不要)하다	필요 없다, 쓸데없다
불용(不用)	못 씀
불용액(不用額)	①안 쓴 돈 ②안 쓸 돈
불용품(不用品)	①못 쓴 것 ②안 쓴 것
불우(不遇)한	어려운
불원간(不遠間)	머지않아
불응(不應)하다	안따르다, 응하지 않다
불의(不意)에	뜻밖에
불의(不意)의	뜻밖의
불임립(不稔粒)	쭉정이
불입(拂入)	냄, 치름
불입 자본(拂入資本)	낸 자본
불참(不參)하다	참가하지 아니하다
불철주야(不撤晝夜)	밤낮 없이
불출(拂出)	내줌
불출수(不出水)	물 안 나옴
불치(不治)	못 고침
불폭발성(不爆發性)	안터질성
불허(不許)하다	허락하지 않다
붕괴(崩壞)	무너짐
붕괴지(崩壞地)	무너진 땅
비가공(非加工)의	가공 않은
비견((比肩)하다	①나란히 하다, 견주다 ②겨루다
비고(備考)	참고
비교(比較)하다	견주다

순화 대상	순화어
비근(卑近)한	가까운, 흔한
비기((誹譏)	헐뜯기
비농가(非農家)	아닌 농가
비단(非但)	다만
비대기((非待機)	비상 대기 기관차
비등(沸騰)하다	끓어오르다, 물 끓듯 하다
비등(比等)하다	비슷하다
비료(肥料)	거름
비리(非理)	①이치 벗어남 ②그릇됨
비림(備林)	비축림
비립(粃粒)	쭉정이
비밀리(秘密裏)에	남모르게
비방(誹謗)하다	헐뜯다
비배(肥培)	거름주기
비번(非番)	난번, 근무 아님, 당번 아님
비사(飛沙)	날리는 모래
비사표	확인표
비산(飛散)하다	흩날리다
비상(飛上)	날아 오름
비상 정호(非常井戶)	비상 우물
비소(費消)	소비
비속(卑屬)	손아래 (항렬)
비승비강(飛乘飛降)	뛰어 타고 내림
비옥(肥沃)하다	걸다, 걸음지다
비월(飛越)	뛰어넘기
비위(非違)	그름
비육(肥育)	살찌우기
비육우(肥肉牛)	고기소
비음(庇蔭)	그늘
비익(秘匿)	감추기, 감춤
비일비재(非一非再)하다	한둘이 아니다
비장(脾臟)	지라
비주거용(非住居用)	아닌 주거용
비축(備蓄)하다	모아 두다

순화 대상	순화어
비치(備置)하다	갖추어 두다
비토(肥土)	기름진 땅
비표(秘標)	비밀 표시
비행(非行)	못된 짓, 잘못
비호(庇護)하다	감싸 주다, 두둔하다
비효(肥效)	거름 효과
빈곤(貧困)	가난
빈도(頻度)	잦기
빈발(頻發)하다	자주 생기다, 자주 일어나다
빈번(頻繁)하다	잦다
빈사(瀕死)	반죽음
빈우(牝牛)	암소
빈지(濱地)	물가, 바닷가
빙괴(氷塊])	얼음덩이
빙부(聘父)	장인 (어른)
빙자(憑藉)	핑계
빙자(憑藉)하다	(…을) 핑계 삼다

참고 글

주시경 스승 어록............박종국

주시경 스승 어록

[이 어록은 박종국 님이 엮어 1991년 10월 9일 내었던 글임]

주시경 스승……………박종국
주시경 스승 어록……………박종국
한힌샘 스승님……………이병기
묘비명……………최현배 · 정인승
한힌샘 스승 옮겨 장례 모시며 드리는 시……………이은상

주시경 스승

박종국

주시경[1876. 12. 22(음 11. 7)~1914. 7. 27] 스승은 한국 언어학의 개척자이며, 정열에 넘친 교육자요, 겨레의 장래를 위하여 노력한 애국지사이다. 처음 이름은 상호(相鎬), 나중에 시경(時經)으로 이름을 고쳤다. 호는 한힌샘[白泉]이고, 본관은 상주(尙州)이며, 황해도 봉산(鳳山) 출신이다. 스승은 청빈한 선비 주학원(周鶴苑 : 冕錫) 님과 전주이씨(全州李氏)와의 사이에서 6남매 중 둘째 아드님으로 태어났다.

스승은 5세 때부터 황해도 봉산군(鳳山郡) 쌍산면(雙山面) 무릉(茂陵)골 서당에서 한문 공부를 12세까지 하다가 13세 되던 1888년에 큰아버지 주학만(周鶴萬 : 冕鎭) 님의 양아들이 되어 서울로 올라와 양가에서 서당 공부를 계속하였었다.

그 때, 거개의 사람들은 한자만이 '참된 글자'요, 한문만이 지식을 전달할 수 있는 '참된 글'이라고 생각하고 있었다. 그런가 하면, 서당에서 한문글을 배울 때 선생이 한문을 한문음대로 한번 읽어주니 학생들이 전혀 이해하지 못하였고, 반드시 우리말로 옮겨서 말을 하여야만 비로소 알곤 하였다. 이러한 상황을 보고 스승은 생각하기를, '말이란 사람의 의사 전달의 도구로써 존재하는 것이요, 글자란 그것을 적는 기호가 아닌가? 그리고 또 우리에게는 쉽고 쓰기 편리한 고유의 글이 있는데 왜 이토록 어려운 한문만을 배워야 하며, 우리말을 그대로 쉽게 적을 수 있는 한글은 왜 쓰지를 않나?' 하고, 우리말과 우리글을 연구하기 시작하였으니, 이 때 나이가 약관도 못 되는 18세 되던 때였다.

동학당(東學黨)이 봉기하고 청일군(淸日軍)이 충돌하여 나라 안팎이 어수선한 틈에 끼여 고향에 갔던 스승은, 1894년 갑오경장(甲午更張)의 혁신적인 분위기 속에 다시 서울로 올라와 단발령(斷髮令)이 내리기 1년 앞서 주위의 반대를 무릅쓰고 머리를 깎고 이해 9월에 배재학당(培材學堂)에 들어가 새 시대가 요구하는 새로운 교육인 신학문을 배웠다. 그 때의 스승의 생활은 몹시 어려웠으나, 스승은 그 어려운 생활을 조금도 내색하지 않고, 학비를 손수 조달하여 가면서 신학문을 배우고, 한편으로는 국어 연구에 정진하였다. 공부에 얼마나 몰두하였던지 길 가다가 전봇대에 부딪치기가 여러 번이었다고 한다.

1896년에 서재필(徐載弼) 님 중심으로 '독립협회(獨立協會)'가 만들어지고 기관지인 주보(週報) ≪독립신문≫이 간행(창간 : 1896. 4. 7)되었는데, 스승은 그 중요 인원[회계 겸 교보원(會計兼校補員)], 뒤에 총무 겸 교보원으로 참여하였다. 또 배재학당 학생들 중심으로 '협성회(協成會)'를 만들었을 때 이 회의 주요 간부직[전적 겸 회보 찬술원(典籍兼會報撰述員)]을 맡아 보며 기관지 ≪협성회보≫ 발간에 참여하였었다. 그 때 스승이 관여하는 이 ≪독립신문≫이나 ≪협성회보≫는 우리말의 순수성을 살리면서 순 한글로 띄어쓰기를 하여 적혀 나왔으니, 이는 스승의 실천하는 힘에 의하여 우리나라 글자 생활의 혁신적인 진전을 보이기 시작한 계기가 된 것이라 하여도 과언이 아니라 하겠다. 스승은 1897년에 '독립신문사' 안에 국어 표기의 원칙 등을 연구하기 위하여 '국문동식회(國文同式會)'를 만들었을 뿐 아니라, '국문론' 글을 ≪독립신문≫에 전후 2차 4회에 걸쳐 실었으니, 22세의 젊은 나이에 당당한 우리나라 문자론(文字論)을 발표하게 된 것이다. 이것을 볼 때, 스승은 이 때에 이미 국문(國文)에 관한 기본 사상이 확립되어 있었음을 볼 수 있다.

1898년 '독립협회'가 탄압을 받게 되자, 스승은 동지들과 함께 '만민공동회(萬民共同會)'를 조직하여 지도에 힘쓰다가 잠시 동안 고향에 가서 은신하기도 하였다. 그러나 다시 서울로 올라와 '독립협회'와 ≪독립신문≫을 운영 발간하는 한편, 민권 운동과 민중 계몽에 앞장서가며 학구에 전념하여. 그 해 12월 31일 밤에는 그 유명한 ≪국어문법(國語文法)≫ 초고를 다 지어 내었다.

또 스승은 1900년에는 남대문 안 상동(尙洞) 사립학숙(私立學塾)에 국어문법과를 새로 마련(1900. 2. 15)하여 학생들을 가르치면서 배우기를 계속하여 이 해 6월에는 배재학당 보통과를 졸업하였다.
스승은 계속하여 국어 연구에 골몰하는 한편, 학문의 연구는 민중 교화를 실천함에서 완성될 수 있다는 굳은 신념을 갖고 일관하였다. 그래서 스승이 30세를 전후하여 교편을 잡은 학교와 강습소는 무려 20여 군데가 넘었다. 이를 대강 말하면, 청년학원(靑年學院)·공옥학교(攻玉學校)·서우(西友)·이화(梨花)·명신(明新)·흥화(興化)·기호(畿湖)·숙명(淑明)·진명(進明)·휘문(徽文)·보성(普成)·중앙(中央)·융희(隆熙)·배재(培材)·서북(西北)·협성(協成)·경신(儆新)·영창(永彰)·야학강습소(夜學講習所)·외국인의 한어 연구소들이다. 그런데, 스승은 그 때 국어뿐 아니라 지리·역사·수학 등을 가르쳤었다.

  1905년에는 국어 연구와 사전 편찬 사업 등을 이룩하기 위한 별도의 연구소 설치를 정부에 상소 건의하였었다.
  그리고 1906년 6월에는 학생들을 교수하는 데 필요한 교재용으로서 ≪대한국어문법≫(표제는 ≪국문강의(國文講義)≫로 되어 있다)을 지어 내었으니, 이 책은 한글의 바른 인식을 위한 글자꼴과 맞춤법의 본보기 규정 및 음운 이치를 논술한 것으로 상동 청년회관에서 교재로 사용하였던 것이다.

  1907년 7월 8일에는 스승의 건의가 연유되어 학부(學部) 안에 국어 연구기관인 '국문연구소(國文研究所)'가 설치되었는데, 스승은 그 연구소 위원에 선임되어, 처음부터 끝까지 지도적 구실을 하였다. 또 이 해 11월 30일에는 ≪월남망국사≫(본인 이력서에는 안남망국사(安南亡國史)로 기록되어 있음)을 번역 발간하였다. 그리고 이 해에 ≪황성신문≫·≪서우(西友)≫ 등의 신문 잡지에 국문 관계의 글을 많이 발표하였다.

1908년 11월 6일에는 ≪국어문전음학(國語文典音學)≫이 인행되니, 이것은 우리말 소리에 관한 최초의 과학적인 저작이다. 이어 ≪말≫이 저작되었다.

1909년 2월 15일에는 ≪국문초학≫이 인행되고, 또 ≪고등국어문전(高等國語文典)≫이 유인되었다.

1910년 4월 15일에는 ≪국어문법(國語文法)≫이 인행되니, 이 책은 현대 말본의 체계를 개척하여 오늘날에 있어 움직일 수 없는 정서법(正書法)의 자리를 차지한 '한글 맞춤법 통일안'의 기본 이론을 세운 말본 책이다.

이 해 한일합병조약(韓日合倂條約 : 1910. 8. 22)으로 국치시대를 맞이하자, '국문연구소'는 자연히 폐쇄하였다. 그리하여 스승은 뜻한 바 있어 최남선(崔南善) 님이 고서 간행을 위하여 만든 '광문회(光文會 : 1910년 10월 창립)'에 참여, 고서 정리의 일과 국어 사전(말모이)의 원고 작성을 하기 시작하였으니, 우리나라에서 국어 사전 편찬을 최초로 착수한 이가 바로 주시경 스승이다. 스승의 사전 편찬의 일은 스승이 세상을 떠난 뒤 우여곡절(迂餘曲折)을 겪어 '한글학회'의 ≪큰사전≫으로 이어지게 된 것이다.

1911년에는 보성학교(普成學校) 안에 '조선어강습원[일요강습소(日曜講習所)]'을 열어 무료로 국어국문을 강의하고, 애국 사상을 고취시키었으니, 이 박동(礴洞)에 설치(設置)한 '일요강습소'는 너무나 유명하여 주시경 스승에게서 직접 강의를 받지 못하는 서울 사대문안의 청년 학생들이 몰려들었다. 또 이 해 12월 29일에는 ≪국어문법≫을 ≪조선어문법(朝鮮語文

法)≫으로 개제 수정을 가하여 발행하였다.

　1913년 9월 27일에는 ≪조선어문법≫이 다시 발간되었고, 1914년 4월 13일에는 우리 국어학 소리갈의 과학적 토대를 닦아놓은 ≪말의소리≫가 석판 인쇄로 발간되었다. 이 책은 스승의 공시적(共時的) 음운론의 결정적 체계가 되는 것이라 하겠다. 특히 이 책에서는 풀어쓰기의 보기를 보이고 있다.

　특히 1914년도부터는 일본인의 탄압이 더해가기 시작하여 뜻있는 애국 동지들이 다른 나라로 몸을 옮기었으므로 스승께서도 다른 나라로 몸을 옮겨 뜻한 바를 이룩할 것을 결심하고 학생들의 여름 휴가기를 틈타 고향으로 내려가 망명하겠다고 하직 인사를 하고, 서울로 올라와서 떠날 채비를 하던 중 뜻밖에 급성 체증(滯症)에 걸려, 이 해 7월 27일 서울 수창동(需昌洞) 자택에서 39세(만 37)를 일기로 저승으로 가셨는데, 스승의 유해는 제자 후학들에 의해 서대문 밖 수색 고택골에 안장되었다.

　광복 후 1960년 10월, 제자 및 후학으로 조직된 '고 주시경 선생 이장추진위원회'에 의하여 '한글묘지'(이 묘지는 스승의 제자 최현배 님이 사서 한글학회에 바친 것이다.)로 이장함과 동시에 묘비까지 갖추었으니 이 묘비의 글은 최현배 님이 짓고 정인승 님이 글씨를 썼다.

　주시경 스승님의 묘를 '한글묘지'로 이장하고 비석과 상석 등의 석물까지 설치하였으나, 그 뒤 정부의 뜻에 따라 1981년 12월 12일 '한글학회'와 '광복회' 주관으로 서울 흑석동 '국가유공자묘역'에 다시 천안하였다.

이상에서 간략하나마 스승의 업적·저서 등의 기록을 볼 때 스승의 학문은 단순한 학문을 위한 학문이 아니라 민중의 교화와 나라의 바탕을 굳건히 하는 데 봉사해야 한다는 굳은 신념 아래 진전되어 갔으니, 그 학문의 태도는 그야말로 진지하였다. 그렇기 때문에 스승은 당시 19세기 말과 20세기 초의 현실을 바로 보아 잘못되어가고 있는 우리 국어 국문을 바로잡고 저작과 개혁을 통한 국어 운동으로 맞춤법 개혁, 대중말(표준말) 확립, 국어사전 편찬, 한글 풀어쓰기 등에 선구적인 업적을 수립하였으며, 특히 스승의 학문은 학통을 이어받은 최현배(崔鉉培) 님과 김윤경(金允經) 님 등에 의해 빛을 더하고 국어의 말본을 총정리하여 체계적인 결실을 맺게 되었다. 그뿐만 아니라 스승의 제자와 후학들에 의해 '조선어연구회(朝鮮語研究會 : 1921. 12. 3 창립, 뒤에 '조선어학회(朝鮮語學會)'로 바뀌었다가 다시 '한글학회'로 바뀌어 오늘에 이른다)'가 만들어지고, 스승의 정신과 학문이 계승 발전되어 오늘날 국어 국문의 올바른 기틀이 된 것이다.

주시경 스승 어록

박종국

　대저 글에는 두 가지가 있으니, 하나는 형상을 표하는 글이고, 하나는 말을 표하는 글이나 그 줄거리를 말하면 형상을 표하는 글은 옛적 문화가 발달되지 않았던 시대에 쓰던 글이고, 말을 표하는 글은 요즈음 문화가 발달한 시대에 쓰는 글이다. 그러나 형상을 표하는 글을 지금까지 쓰는 나라도 적지 아니한데, 그것은 중국(中國) 한문 같은 글들이고, 그 밖에는 다 말을 기록하는 글들로서, 이국(伊國)·법국(法國)·덕국(德國)·영국(英國) 글과 일본 가나(假名)와 우리나라 한글[正音] 같은 글들이다. 대개 글이라 하는 것은 일을 기록하여 내 뜻을 남에게 통하고 남의 뜻을 내가 알고자 하는 것뿐이라, 물건의 형상이나 형상 없는 뜻을 구별하여 표하는 글은 말 외에 따로 배우는 것이고, 말을 표하는 글은 이미 알고 있는 말의 음을 표하는 것이다.

　그러므로 형상을 표하는 글은 한가지 일이 더 있어서, 그 글을 배우려면 이는 마치 다른 나라 말을 배우는 것과 같아, 세월과 힘이 허비될 뿐 아니라 세상의 온갖 물건의 무수한 이름과 여러 가지 사건의 무수한 뜻을 다 각각 표로 구별해서 그림을 만들었으므로 글자가 많고 자획이 번다하여 배우고 익히기가 지극히 어렵다. 그러나 말을 표하는 글은 음에 따른 십여 가지의 분별만 표하여 이를 돌려쓰므로 자획이 적어 배우기와 익히기가 지극히 쉬울 뿐 아니라 읽으면 곧 말이다. 그래서 그 뜻을 알기도 말 듣는 것과 같고 지어 쓰기도 말하는 것과 같으니, 그 편리함이 형상을 표하는 글보다 몇 배가 쉽다는 것을 말하지 아니하여도 알 것이다. (중략) 그러나 전국 국민의 사상을 돌리며 지식을 다 넓혀주려면 모든 학문을 한글로 저술하고, 한글로 번역하지 않을 수 없다. 그래서 남녀를 막론하고 다 쉽게 알도록 가르쳐 주어야 될 것이다. 영미·법덕 같은 나라들은 한문을 구경도 못하였으나 저렇듯 부강함을 보시오. 우리나라도 4천여 년 전부터 세운 나라로서 2천만 국민의 사회에 날로 때로 쓰고 있는 말을 입으로만 서로 전하던 것도 큰 흠절 (欠節)이다. 그런데 한글이 생긴 몇 백 년 뒤인 오늘날까지 자전 한 책도 만들지 않고 한문만 숭상한 것은 어찌 부끄러운 일이 아닌가? 지금부터는 우리 말과 한글을 업신여기지 말고 힘써 그 법과 이치를 연구하며 자전과 말본과 독본들을 잘 만들어 더 좋고 더 편리한 말과 글이 되게 할 뿐 아니라 우리 온 나라 사람이 다 말과 한글을 우리나라 근본의 주장 글로 숭상하고 사랑하여 쓰기를 바라노라.

대져 글은 두 가지가 잇스니 ᄒᆞ나흔 형상을 표ᄒᆞᄂᆞᆫ 글이오 ᄒᆞ나흔 말을 표ᄒᆞᄂᆞᆫ 글이라 대개로만 말ᄒᆞ면 형샹을 표ᄒᆞᄂᆞᆫ 글은 녯젹 덜 열닌 시ᄃᆡ에 쓰던 글이오 말을 표ᄒᆞᄂᆞᆫ 글은 근ᄅᆡ 열닌 시ᄃᆡ에 쓰ᄂᆞᆫ 글이라 그러나 형상을 표ᄒᆞᄂᆞᆫ 글을 지금ᄭᆞ지 쓰ᄂᆞᆫ 나라도 적지 아니ᄒᆞ니 지나(支那) 한문ᄀᆞᆺ흔 글들이오 그 외는 다 말을 긔록ᄒᆞᄂᆞᆫ 글 들인ᄃᆡ 이국(伊國) 법국(法國) 덕국(德國) 영국(英國) 글과 일본 가나(假名)와 우리 나라 정음(正音)ᄀᆞᆺ흔 글 들이라 대개 글이라 ᄒᆞᄂᆞᆫ 거슨 일을 긔록ᄒᆞ여 ᄂᆡᄯᅳᆺ을 남에게 통ᄒᆞ고 남의 ᄯᅳᆺ을 내가 알고져ᄒᆞᄂᆞᆫ 것 ᄲᅮᆫ이라 물건의 형샹이나 형샹 업ᄂᆞᆫ ᄯᅳᆺ을 구별

ᄒᆞ여 표ᄒᆞᄂᆞᆫ 글은 말 외에따로 빗호ᄂᆞᆫ 거시오 말을 표ᄒᆞᄂᆞᆫ 글은 이왕 아ᄂᆞᆫ 말의 음을 표ᄒᆞᄂᆞᆫ 거시라.

이럼으로 형샹을 표ᄒᆞᄂᆞᆫ 글은 일 ᄒᆞᆫ 가지가 더ᄒᆞ여 그 글을 빗호ᄂᆞᆫ 거시 타국 말을 빗호ᄂᆞᆫ 것과 ᄀᆞᆺ치 셰월과 힘이 헤비될 쑌 아니오 텬하 각죵 물건의 무수ᄒᆞᆫ 일홈과 각식 ᄉᆞ건의 무수ᄒᆞᆫ 뜻을 다 각각표로 구별ᄒᆞ여 그림을 만달매 글ᄌᆞ가 만코 ᄌᆞ획이 번다ᄒᆞ여 빗호고 닉히기가 지극히 어려오나 말을 표ᄒᆞᄂᆞᆫ 글은 음의 십여가지 분별만 표ᄒᆞ여 돌녀씀으로 ᄌᆞ획이 적어 빗호기와 닉히기가 지극히 쉬울 쑌 아니라 넑으면 곳 말인즉 그 뜻을 알기도 말 듯ᄂᆞᆫ 것과 ᄀᆞᆺ고 지어쓰기도 말ᄒᆞᄂᆞᆫ 것과 ᄀᆞᆺᄒᆞ니 그 편리홈이 형샹을 표ᄒᆞᄂᆞᆫ 글 보다 몃 비가 쉬을 거슨 말ᄒᆞ지 아니ᄒᆞ여도 알지라. (중략) 그러나 젼국 인민의 ᄉᆞ샹을 돌니며 지식을 다 널펴주랴면 불가불 국문으로 각식 학문을 져슐ᄒᆞ며 번역ᄒᆞ여 무론 남녀 ᄒᆞ고 다 쉽게 알도록 ᄀᆞᄅᆞ쳐 주어야 될지라 영미 법덕 ᄀᆞᆺᄒᆞᆫ 나라들은 한문을 구경도 못ᄒᆞ엿스되 뎌럿틋 부강홈을 보시오 우리 동반도 ᄉᆞ쳔여년 젼브터 긔국ᄒᆞᆫ 이쳔만즁 ᄉᆞ회에 날로 ᄡᅥ로 통용ᄒᆞᄂᆞᆫ 말을 입으로만 서로 젼ᄒᆞ던 것도 큰 흠졀이어늘 국문 난후 긔 빅년에 ᄌᆞ뎐 ᄒᆞᆫ칙도 만달지 안코 한문만 슝샹ᄒᆞᆫ 거시 엇지 붓그럽지 아니ᄒᆞ리오 ᄌᆞ금 이후로 우리 국어와 국문을 업수히 녁이지 말고 힘써 그 법과 리치를 궁구ᄒᆞ며 ᄌᆞ뎐과 문법과 독본들을 잘 만달어 더 죠코 더 편리ᄒᆞᆫ 말과 글이 되게 ᄒᆞᆯ 쑌아니라 우리 왼 나라 사ᄅᆞᆷ이 다 국어와 국문을 우리 나라 근본의 쥬쟝 글노 슝샹ᄒᆞ고 사랑ᄒᆞ여 쓰기를 ᄇᆞ라노라.

　　　　—서우학회(西友學會)의 월간지(月刊誌) ≪서우(西友)≫ 2호에서,
　　　　　　　≪주시경젼집(周時經全集)≫ 샹(上)—

▨ 이 글은 '국어와 국문의 필요'라는 제목으로 쓴 것이니, 곧 말과 글이 그 나라의 자주(自主)와 표지임을 말하고 우리 말과 한글을 숭상하고 잘 다듬어 쓸 것을 역설한 글이다.

온 세상의 3천여 종에 달하는 말[言語] 가운데에 널리 쓰이는 것이 70여 종인데, 우리 본토[我半島] 우리나라의 말이 이 70여 종에 그 하나이다. 그리고 온 세상의 7백여 종에 달하는 글자[文字] 가운데에 널리 쓰이는 것이 30여 종인데, 우리 본토[我半島] 우리나라 글자가 이 30여 종에 그 하나이다.

天下言語가 三千餘種에 廣行者가 七十餘니 我半島我國言語가 此七十餘種에 居其一焉이요, 天下文字가 七百餘種에 廣用者가 三十餘니 我半島我國文字가 此三十餘種에 居其一焉이러라.

―≪황성신문(皇城新聞)≫ 2442호~2447호에서,
≪주시경전집(周時經全集)≫ 상(上)―

▨ 이 글은 '필상자국문언(必尙自國文言)'이란 제목으로 쓴 대목 중 '천하문언지수(天下文言之數)'란 작은 제목으로 쓴 글인데, 우리는 여기에서 세계의 말[言語]과 글자[文字]의 수 및 실제 통용되는 수를 알 수 있을 뿐 아니라, 그 분이 이미 세계의 언어와 문자에 대해서 광범한 지식을 가지고 있었던 것을 엿볼 수 있으니, 그 안목이 자못 얼마나 넓었는가를 알고도 남음이 있다.

말은 사람과 사람 사이에 뜻을 전달하는 것이다.
같은 말을 쓰는 사람끼리는 그 뜻이 전달되어 살기를 서로 도와주므로 그 사람들이 절로 한 덩이가 지고, 그 덩이가 점점 늘어나서 큰 덩이를 이루는데, 사람의 제일 큰 덩이는 나라이다.
그러므로 말은 나라를 이루는 것인데, 말이 오르면 나라도 오르고 말이 내리면 나라도 내리게 된다.

그러하므로 어느 나라이건 그 말을 힘쓰지 아니할 수 없는 것이다.

글은 말을 담는 그릇이다. 이지러짐이 없고 자리를 반듯하게 잡아 굳게 선 뒤에야 그 말을 장 지키게 된다.

글은 또한 말을 다듬는 기계이다. 기계를 먼저 다듬어야 말이 잘 다듬어지게 된다.

그 말과 그 글이 그 나라에 있어서 얼마만큼 요긴한가는 다 말할 수가 없다. 그러나 다스리지 아니하고 묵히면 더 거칠어져 나라도 점점 내리어가게 된다.

말이 거칠면 그 말을 적는 글도 거칠어지고 글이 거칠면 그 글로 쓰는 말도 거칠어진다.

말과 글이 거칠면 그 나라 사람의 뜻과 일이 다 거칠어지고 말과 글이 다스려지면 그 나라 사람의 뜻과 일도 다스려지게 된다.

그러하므로, 나라를 발전시키고자 하면 나라 사람을 계몽시켜야 하고 나라 사람을 계몽시키고자 하면, 먼저 그 말과 글을 다스려야 된다.

또 그 나라 말과 그 나라 글은, 그 나라 곧 그 사람들이 무리진 덩이가 천연으로 이 땅덩이 위에 홀로 서는 나라가 되는 데 있어서의 특별한 빛이다.

이 빛을 밝히면 그 나라의 홀로 서는 일도 밝아지고 이 빛을 어둡게 하면 그 나라의 홀로 서는 일도 어두워지게 된다.

말은 사람과 사람의 뜻을 통하는 것이라.

한 말을 쓰는 사람끼리는 그 뜻을 통하여 살기를 서로 돕아 줌으로 그 사람들이 절로 한 덩이가 지고 그 덩이가 점점 늘어 큰 덩이를 일우나니 사람의 예일 큰 덩이는 나라라.

그러함으로 말은 나라를 일우는 것인데, 말이 오르면 나라도 오르고 말이 나리면 나라도 나리나니라.

이러함으로 나라마다 그 말을 힘쓰지 안이할 수 없는 바니라.

글은 말을 담는 그릇이니, 이즐어짐이 없고 자리를 반듯하게 잡아 굳게 선 뒤에야 그 말을 잘 직히나니라.

글은 또한 말을 닦는 긔계니, 긔계를 몬저 닦은 뒤에야 말이 잘 닦아지나니라.

그 말과 그 글은 그 나라에 요긴함을 이로 다 말할 수가 없으나 다스리지 안이하고 묵히면 덕거칠어지어 나라도 점점 나리어 가나니라.

말이 거칠면 그 말을 적는 글도 거칠어지고, 글이 거칠면 그 글로 쓰는 말도 거칠어지나니라.

말과 글이 거칠면 그 나라 사람의 뜻과 일이 다 거칠어지고, 말과 글이 다스리어지면 그 나라 사람의 뜻과 일도 다스리어지나니라.

이러함으로 나라를 나아가게 하고자 하면 나라 사람을 열어야 되고 나라 사람을 열고자 하면 몬저 그 말과 글을 다스린 뒤에야 되나니라.

또, 그 나라 말과 그 나라 글은 그 나라 곳 그 사람들이 무리진 덩이가 텬연으로 이 땅 덩이 우에 홀로 서는 나라가 됨의 특별한 빗이라.

이 빗을 밝히면 그 나라의 홀로 서는 일도 밝아지고 이 빗을 어둡게 하면 그 나라의 홀로 서는 일도 어둡어 가나니라.

─《보중친목회보(普中親睦會報)》1호(一號)에서,
《주시경전집(周時經全集)》 상(上)─

▨ 이 글은 '한나라말'이란 제목으로 쓴 글 중의 한 부분인데, 우리는 여기에서 말과 글의 관계와 말이 사람에게 있어서 하

는 구실 및 나라와의 관계를 알 수 있으며, 또 말과 글의 발전이 국가 발전에 큰 원동력이 된다는 것을 알 수 있다. 특히 주목할 일은 글이 거의 순수한 우리말과 한글로 띄어쓰되 띄어쓰기는 ' ˙ '으로 표시되어 있다는 점이다.

작음으로 큼을 이루고

쉬움으로 어려움을 하나니,

큼을 작음에서 꾀하고

어려움은 쉬움에서 힘쓸지로다.

큼을 작음에서 꾀하며

어려움을 쉬움에서 힘쓰는 이는 일어날 것이요,

큼을 작음에서 웃으며

어려움을 쉬움에서 잊어버리는 이는 넘어지리로다.

젹음으로 큼을 일우고

쉽음으로 어렵음을 ᄒᆞ나니

큼을 젹음에셔 꾀ᄒᆞ고

어렵음을 쉽음에셔 힘쓸지로다

큼을 젹음에셔 꾀ᄒᆞ며

어렵음을 쉽음에서 힘쓰는 이는 일어날 것이요,

큼을 젹음에셔 웃으며

어렵음을 쉽음에서 잊어버리는 이는 넘어지리로다.

—《보중친목회보(普中親睦會報)》에서,

《주시경전집(周時經全集)》 하(下)—

☒ 이 시는 '큼과 어렵음'이라는 제목을 붙인 산문시인데, 공부하는 이든, 사업하든 이든간에 성공하는 길의 비결을 표현한 시이다.

　사람이 일을 해나가는 데 있어서는 큰 일이나 어려운 일부터 먼저 손댈 것이 아니라 작은 일이나 쉬운 일부터 착실하고 부지런하게 노력하는 이만이 큰 일이나 어려운 일을 이룩할 수 있지, 작은 일이나 쉬운 일이라고 해서 우습게 여기는 이는 성공하지 못한다는 말이다.

　그렇기 때문에 일은 작은 것과 쉬운 것부터 착실하게 착착 다져 나가라는 말이다.

바람이 몹시 불고
물결이 크게 일어나는 바다에 뜬
저 한 조각 배에 있는 이들아!
네 몸을 네 몸대로 두고
네 맘을 네 맘대로 차리어야
저 언덕에 닿아 보리라.

바람이 몹시 불고
물결이 크게 일어나는 바다에 쓴
저 한 조각 배에 잇는 이들아
네 몸을 네 몸대로 두고
네 맘을 네 맘대로 차리어야
저 언덕에 다ㅎ아보리라.

　　　　―《보중친목회보(普中親睦會報)》에서,
　　　　　《주시경전집(周時經全集)》 하(下)―

▨ 이 시는 '물결에 배'라는 산문시인데, 이 글은 우리나라가 한일합병조약 후 일본인의 탄압이 있기 시작한 그 당시의 우리의 시 대상을 비유해서 표현한 산문시가 아닌가 생각된다.
    그 당시의 우리나라 안팎 상황을 살펴보면 정치적으로 소란하던 끝에 청일전쟁까지 불러 일으켜 일본의 승리로 돌아가매 일본인의 기세가 당당하더니, 마침내는 1910년 8월 22일에 한일합병조약이 체결되었다.
    그리하여 뜻있는 애국지사들은 한일합병조약이 체결된 뒤 일본인의 탄압이 심하므로 외국으로 망명하였고, 주시경 님도 1914년 초에 다른 나라로 몸을 옮겨 뜻한 바를 이룩할 것을 결심하고 망명할 채비 중 저승으로 가시었다.

부뚜막의 소금도

집어넣어야 짜다 하니,

가까운 것은 가지기가 쉽다고

그대로 두고 믿기만 하는 끝에는

손이 미치지 못하리라.

붓두막에 소금도

집어 너흐어야 짜다 하니,

갓깁은 것은 가지기가 쉽다고

그대로 두고 믿기만 하는 긎에는

손이 밎이지 못하리라.

          —《보중친목회보(普中親睦會報)》에서,
                《주시경전집(周時經全集)》 하(下)—

☑ 이 시는 '붓두막에 소금'이라는 제목으로 지은 산문시인데, 격언에도 있음과 같이 아무리 소금이 솥 옆에 가까이 있어도 솥에 집어 넣지 않고 그대로 놓아두면 짠 맛이 나지 않는 것과 같이 우리가 일을 해나감에 있어서도 이와 마찬가지이니, 생각에 쉬운 일이라 하더라도 뒤로 미루지 말고 그 즉시 기회가 닿았을 때 노력과 정성을 들여 처리하여야 되지, 그 때는 쉬운 일이라고 별로 하는 일 없이 뒤로 미루었다가 일이 밀렸을 때하려고 하면 결국은 쉬운 일이라도 제대로 이룩하기가 어렵다는 말이다.

줄여서 쓴 말과 새로 이름 붙여 쓴 말은 잠시의 눈으로 본다면 이상히 역길 수도 있겠으나 글에는 이렇게 하지 아니할 수 없다. 더구나 외국의 글자를 부호로 쓰는 일도 있는데 그러한 것만을 잘못이라고 하겠는가? 또 이를 한자로 짓지 아니함은 그 한자의 뜻으로만 풀이하려고 하고, 그 일의 뜻은 뜻하지 아니함을 덜고자 함이다.

줄이어 쓴 말과 새로 이름하여 쓴 말은 잠시의 눈으로 보시는 이는 이샹이 여기심이 잇겟으나 글에는 이러하게 안이할 수 없을 뿐더러 外國의 文字를 符號로 쓰는 일도 잇거늘 엇지 이는 홀로 긇으다 하리오. 또 이를 漢字로 짓지 안이함은 그 漢字의 뜻으로만 풀랴하고 그 일의 뜻은 뜻하지 안이함을 덜고자 함이라.

—《국어문법(國語文法)》"이온글의 잡이"—

☑ 이 글은 한힌샘 주시경 님께서 《국어문법(國語文法)》 책을 집필하실 때 말본[文法]의 갈말[術語]을 순수한 우리말 용어로 새로 이름하여 쓰고 한자 용어(漢字用語)를 지어 쓰지 아니한 사유를 설명한 것이다.

사람이 사는 일을 잘하려고 한다면 그 뜻을 서로 전달하지 않을 수가 없는데, 말은 그 뜻을 서로 전달하게 하는 것입니다.

사람이 사는 일을 잘ᄒᆞ랴면 불가불 그 쯧을 서로 통ᄒᆞ여야 되ᄂᆞ니 말은 그 쯧을 서로 통ᄒᆞ게 ᄒᆞ는 것 이니이다.

—≪가뎡잡지≫에서, ≪주시경전집(周時經全集)≫ 하(下)—

▨ 이 글은 "말이 쓸ᄃᆡ가 무엇이뇨"란 물음에 대한 대답이다.

글은 뜻을 나타낸 그림이거나 말 소리를 나타낸 그림인데, 중국 글 같은 것들은 뜻을 나타낸 그림이고, 우리 한글 같은 것들은 말을 나타낸 그림입니다.

글은 쯧을 그린 그림이나 말 소리를 그린 그림이니, 지나 글 ᄀᆞ튼 것 들은 쯧을 그린 그림이요, 우리 국문 ᄀᆞ튼 것들은 말을 그린 그림이니이다.

—≪가뎡잡지≫에서, ≪주시경전집(周時經全集)≫ 하(下)—

▨ 이 글은 "글은 무엇이뇨"란 물음에 대한 대답이다.

뜻을 표하는 글은 천만 가지의 뜻을 다 각각 그리므로 글자와 획수가 번다하며, 말 밖에 따로 더 배워야 하기 때문에 어렵고 좋지 못하지만, 말 소리를 구별하여 그린 글은 얼마 되지 않고 획수도 매우 간단하므로 배우고 쓰기가 쉬울 뿐 아니라 읽으면 곧 말이기 때문에 알기도 대단히 쉬워서 뜻을 표하는 글보다 매우 좋습니다.

뜻을 표ᄒᆞ는 글은 쳔만 가지 뜻을 다 각각 그리매 글ᄌᆞ와 획수가 번다ᄒᆞ고 말 외에 ᄯᅡ로 더 배호는 것인고로 어렵고 조치 못ᄒᆞ며 말 소리를 구별ᄒᆞ여 그린 글은 글ᄌᆞ가 몃 못 되고 획수가 심히 간단 ᄒᆞᆫ 까닭에 배호고 쓰기가 쉽고 닑으면 곳 말인 고로 알기도 대단이 쉬어 뜻을 표ᄒᆞ는 글 보다 매우 조흡니다.

—≪가뎡잡지≫에서, ≪주시경전집(周時經全集)≫ 하(下)—

▨ 이 글은 "이 두 글(중국글과 한글) 중에 어느 글이 쉽고 조흐뇨"란 물음에 대한 대답이다.

온대에서 사람이 살기가 좋다고 하지만 항상 겨울과 같이 추울 것 같으면 살기가 좋지 못할 것이고, 항상 여름과 같이 더울 것 같으면 살기가 괴로울 것이다. 그러나 추운 때를 얼마 동안 견디면 기후가 차차 온화한 봄이 와서 만화 방창하는 시절을 만나게 되고, 더운 때를 얼마 동안 견디면 기후가 점점 서늘한 가을이 와서 백곡이 성숙하는 시절을 만나게 되므로, 추위에 어려운 겨울이 있어도 어려워하지 않고 더위에 괴로운 여름이 있어도 괴로워하지 않는다. 이는 겨울에는 좋은 봄을 만날 바람이 앞에 있으므로 추위의 어려움을 잊으며, 여름에는 좋은 가을을 만날 바람이 앞에 있으므로 잊는 것이다.

온ᄃᆡ에서 사람이 살기가 조타 ᄒᆞ되 ᄒᆞᆼ샹 겨울과 ᄀᆞ티 치울진딘 살기가

조치 못홀 것이오, 홍샹 여름과 ㄱ티 더울진딘 살기가 고로을 것이로되 치
은째를 얼마 동안 견디면 긔후가 ᄎᄎ 온화훈 봄이 와서 만화방창ᄒᄂ 시
절을 맛나고, 더은째를 얼마 동안 견디면 긔후가 점점 서늘훈 가을이 와서
빅곡이 성슉ᄒᄂ 시졀을 맛남으로 어려은 치위에 겨을이 잇어도 어려어ᄒ
지 안코 더위에 고로은 여름이 잇어도 고로어ᄒ지 안ᄂ니 이는 겨을에는
조흔 봄을 맛날 바람이 아페 잇음으로 치위의 어려움을 이즈며 여름에는
조흔 가을을 맛날 바람이 아페 잇음으로 더위에 고로움을 잇는지라.

—《가뎡잡지》에서, 《주시경전집(周時經全集)》 하(下)—

▨ 이 글은 논설 중의 한 대목으로, 사람이 세상에서 살매 의
복·음식·거처[衣食住]를 주선하지 않을 수 없으므로 어떠한
일을 하든지 천만 가지로 일을 경영함이 진실로 괴롭고 어려
운 것이다. 하지만 그 수고로움을 풀 만한 기쁨이 앞에 있으
면 일할 때의 위로가 되어 괴로운 줄을 모를 뿐만 아니라,
이 일을 얼마큼 하면 그 뒤에는 기쁜 일이 있다고 여기기 때
문에 그 마음에 얼마큼 기쁜 생각으로 일을 하게 되는 것이
란 말이다.

아이를 <등에> 업는 것은 어린 뼈가 굽기 쉬우므로 사시를 물론하고
해롭거니와 여름에는 업히는 배와 업는 등이 서로 합하여서 두 <사람의>
더운 살이 서로 열을 도와 <아이의> 배에 더위가 들게 된다.

ᄋ희를 업는 것은 언린 썌가 굽기 쉬운 고로 ᄉ시를 무론ᄒ고 해롭거니
와 여름에는 업히는 배와 업는 등이 서로 합ᄒ여 두 더은 살이 서로 열을
도아 배에 더위가 드는지라.

—《가뎡잡지》에서, 《주시경전집(周時經全集)》 하(下)—

☑ 이 글은 위생에 관계된 말이니, 아이들을 가정에서 귀엽다고 업어주는 것이 오히려 업어주지 않는 것보다 해가 더 많다는 글이다.

　병을 다스리는 근본은 음식·의복·거처를 정하게(깨끗하게) 하고 몸에 알맞도록 하며, 정한(맑고 깨끗한) 공기와 좋은 물을 마시며 자고 깨며 일하고 쉬기를 적당하게 하며, 제일 욕심을 버리고 마음을 편안히 하여 병이 날 일이 없도록 하면 평생을 지내어도 병의 근심을 보지 아니할 것이다.
　몸이 튼튼하고 건강해야 여러 가지의 일을 할 수 있을 것이니, 무병하고 강건한 것이 일생의 제일 행복이다.

　병을 다스리는 근본은 음식 의복 거쳐를 정ᄒᆞ게 ᄒᆞ고 몸에 맛도록 ᄒᆞ며 정ᄒᆞᆫ 공긔와 조흔 물을 마시며 자고 ᄭᅢ며 일ᄒᆞ고 쉬기를 뎍당ᄒᆞ게 ᄒᆞ며 데일 욕심을 바리고 마음을 편안이ᄒᆞ여 병 날 일이 업도록 ᄒᆞ면 평싱을 지내여도 병의 근심을 보지 안이 ᄒᆞᆯ지라.
　몸이 강건ᄒᆞᆫ 후에야 빅스일을 능이 ᄒᆞᆯ지니 무병ᄒᆞ고 강건ᄒᆞᆫ 것이 일싱의 데일 ᄒᆡᆼ복이니라.

　　　　　　—≪가뎡잡지≫에서, ≪주시경전집(周時經全集)≫ 하(下)—

☑ 이 글은 사람의 병 다스리는 근본을 말한 것이다.

　기(씨 : 晶詞)의 갈래 아홉의 이름은 국어로 만든 것이니, 혹은 줄임이요, 혹은 만듦이라, 한자로 만들면 그 문자의 뜻으로만 풀이하고자 하는 버릇이

있어 그 정의를 말하지 않으면 잘못 해석하기 쉬우니 (중략) 한자로 만들기
는 국어로 만들기보다 불편하며 (중략) 하여간 국어에 국어를 쓰는 것이 좋
지 않겠느냐?

　기의 갈래 九個 名稱은 國語로 作함이니 或은 줄임이요 或은 定함이라
漢字로 作하면 그 文字의 義로만 解得하라고 하는 習慣이 有하여 그 定義
를 言하지 안이하면 誤解하기 易하니 (중략) 漢字로 定하기는 國語로 定하
기보다 未便하며 (중략) 如何하든지 國語에 國語를 用함이 可하지 안이하
리오.

　　　　　—《국어문법(國語文法)》에서, 《주시경전집(周時經全集)》 하(下)—

　　▨ 이 글은 그가 말본의 갈말[術語]은 한결같이 순 우리말을
　　쓰고 있는데, 그 이유를 말한 것이다.

　제 나라를 보존하며 제 나라를 일어나게 하는 길은 나라의 바탕을 장려
함에 있고, 나라의 바탕을 장려하는 길은 제 나라의 말과 글을 존중하여 쓰
는 것이 가장 중요하므로 제 나라의 말과 제 나라의 글이 어떤 나라 말과
어떤 나라의 글만 같지 못하더라도 제 나라의 말과 제 나라의 글을 갈고 닦
아 빛내며 찾고 기워 기어이 만국에 뒤지지 않기를 도모하겠거늘, 슬프다,
우리 단군 이래로 덕정을 베풀던 그 훌륭한 말과 글자의 분별이 간요(簡要)
하여 기억하여 씀이 편리한 글자를 개국 4천년이 넘도록 연구한 일이 없다.

　自國을 保存ᄒ며 自國을 興盛케 ᄒ는 道는 國性을 奬勵홈에 在ᄒ고, 國

性을 獎勵ᄒᆞ는 道는 國語와 國文을 崇用홈이 最要홈으로 自國의 言과 自國의 文이 某國의 言과 某國의 文만 不如 홀지라도 自國의 言과 自國의 文을 磨ᄒᆞ여 光ᄒᆞ며 求ᄒᆞ여 補하여 期於히 萬國에 並駕ᄒᆞ기를 是圖ᄒᆞ거늘 嗟我 檀朝以來에 德政을 行ᄒᆞ던 優等의 言語와 子母의 分別이 簡要ᄒᆞ여 記用이 便利ᄒᆞᆫ 文字를 開國四千餘載에 硏究가 寂然ᄒᆞ여

―≪국어문전음학(國語文典音學)≫에서,
≪주시경전집(周時經全集)≫ 하(下)―

▨ 우리는 국운이 성한 나라의 말과 글은 잘 정리되어 있고, 그렇지 못한 나라의 말과 글은 정리가 되어 있지 않은 것을 볼 수 있다. 이 말은 ≪국어문전음학≫의 제 나라 말과 글[自國言文]이란 제목 속에 나오는 글로서, 그는 나라가 왕성해지려면 제 나라 말과 글을 존중하여 연구하고 써야 한다고 한 것이다.

훈민정음이라고 쓴 뜻은, 백성을 가르치는 바른 소리라 함이니, 말의 잘못이 많으므로 소리를 바로잡아야 글을 이룰 수 있을 것이다. 그러나 이것으로써 백성을 가르치지 아니하면 잘못된 버릇을 고칠 수 없고, 잘못된 버릇을 고치지 못하면 올바른 말과 글을 얻지 못할 것이요, 올바른 말과 글을 얻지 못하면 다른 나라 글을 영구히 쓸 것이요, 다른 나라 글을 영구히 쓰면 우리 국민이 나라 바탕을 영구히 잃어버릴 것이요, 우리 국민이 나라 바탕을 영구히 잃어버리면 우리 국민의 앞길이 형편없는 지경에 이를 것이니, 이러한 폐단을 구하려면, 불가불 말의 잘못을 고치고 소리를 바로잡아 올바른 말과 글을 이루고, 또 이것으로 백성을 가르쳐야 되리라는 것이다.

題訓民正音의 義는 民을 訓ᄒᆞ는 正ᄒᆞᆫ 音이라 홈이니 言語의 訛誤가 多ᄒᆞᆫ 故로 音을 正ᄒᆞ여야 可히 文을 成ᄒᆞᆯ 지라 然ᄒᆞ나 此로 民을 訓치 안으면 訛 習을 改ᄒᆞᆯ 수업고 訛習을 改치 못ᄒᆞ면 相當ᄒᆞᆫ 言文을 不得 ᄒᆞᆯ 것이요 相當 ᄒᆞᆫ 言文을 不得ᄒᆞ면 他國文을 永用ᄒᆞᆯ 것이요 他國文을 永用ᄒᆞ면 我國民이 自國性을 永失ᄒᆞᆯ 것이요 我國民이 自國性을 永失ᄒᆞ면 我國國의 前道가 無 狀ᄒᆞᆫ 境에 至ᄒᆞ리니 此弊를 救ᄒᆞ랴면 不可不言語의 訛習을 改ᄒᆞ고 音을 正 ᄒᆞ여 相當ᄒᆞᆫ 言文을 成ᄒᆞ고 또 此로 民을 訓ᄒᆞ여야 되리라 홈이라

―≪국어문전음학(國語文典音學)≫에서,
≪주시경전집(周時經全集)≫ 하(下)―

▨ 이 글은 훈민정음(訓民正音)의 뜻을 풀이한 것이다.

한힌샘 스승님

가람 이병기

온 누리 컴컴하고 바람도 사나운데
꺼지는 그 등불을 다시 밝혀 손에 들고
그 밤에 힘궂은 길에 서서 가시다.

진 데나 마른 데를 어이 골라 디디오리
비 오고 눈이 오든 밤과 낮을 가리오리
다만 그 바쁘신 길을 다 못 걸어 하시다.

꾸밈과 진장함은 좀애도 없으시며
비웃고 사위하여 기리는 이 뉘이오리
스스로 믿으신 마음 예어갈 뿐이외다.

덛거츤 옛 동산에 길이 새로 뇌었어라
어리던 잠을 깨고 서로 따라 나아가니
제마다 새 눈 뜨이며 에헤애해 하노라.

헐고 무너지고 그 무엇이 남았으리

밟고 가신 그 자취에 먼지라도 귀엽거든
하물며 또 다시 없는 이 보배를 위함에랴.
어저 동무들아 의발만 이를소냐
넓은 그 이마에 빛나는 슬기시며
크고도 깊으신 안이야 다시 헬 수 없노라.

— 1932. 6. 6 —

묘 비 명

한힌샘 상주 주시경 스승의 무덤

　스승은 열 아홉 살 때 갑오 경장의 해에 서울에 올라와 배재학당에 들어 신학문을 닦고 학문과 영어의 공부에서 우리 말 글의 훌륭한 가치를 깨닫고 이의 연구에 착수하니, 이것이 실로 배달의 말 글이 과학스런 진리 탐구의 괭이를 보기 처음이었다. 이로부터 스무 해 동안, 혹은 정치 운동에, 혹은 사회 개량 운동에, 혹은 순 한글 신문 내기에, 마침내는 망국민의 생활에까지 갖은 풍상과 온갖 고난을 겪으면서도 우리 말 글 연구에는 잠시의 쉼도 없이 그 밝혀낸 학리를 베풀어 말본과 말모이를 지으며, 서울 안 모든 중등 학교와 일요 강습소까지 혼자 도맡아 가르치기에 편할 날이 없이 성근을 다하다가 드디어 서른 아홉 살 장년으로써 아깝게도 이승을 하직하였다. 스승은 실로 배달 말 글의 과학스런 연구의 개척자이요, 국어 교육 한글 운동의 선구자이었다. 우리들이 국어 존중, 한글 사랑의 겨레 정신으로써 왜정의 압박에 항거하고 해방을 맞아서는 국어 교육, 한글 운동의 줄기찬 발전을 이룬 것은 다 직접 간접으로 스승의 끼친 교화의 소치이다. 아아! 갸륵하다. 스승은 겨레 정신의 영원한 거울이요, 한글 문화의 불멸의 봉화이다.

4293년 10월 1일 제자 최현배 짓고 후학 정인승 쓰다.

한힌샘 스승 옮겨 장례 모시며 드리는 시

이은상

한힌샘 겨레의 스승
이 땅에 태어나시어
한평생 오직 한 길
우리 말 글 키우시니
그 공덕
어디다 비기리까
해달같이 빛나옵니다

겨우 서른 여덟 해
짧은 한 뉘 사시는 것을
자갸 몸은 돌보지 않고
겨레 위해 바치신 이라
세월이
지나갈수록
더 그리워집니다

세상을 여의시던 날
뒷사람들 어질지 못해
끼치신 몸, 값진 비단으로
입혀 드리지 못하옵고
좋은 산

양지 바른 곳에
고이 모시지도 못하고

가신 지 예순 일곱 해
누워 계신 자리마저
한강 언덕으로, 양주 산골로
얼마나 괴로우셨소
스승께
죄송한 말씀
어찌 다 아뢰오리까

동지들 뜻을 모아
정성껏 뼈를 거두어
관 위에 태극기 덮고
향기론 국화랑 얹어
새로이
겨레의 이름으로
옮겨 모시옵니다

동작동 국립 묘지
깨끗한 언덕, 포근한 땅
여기는 해와 달이
지켜 주시는 명당이외다
인제는
길이 갈 곳이오니
편안히 쉬시옵소서

— 1981. 12. 12 —

국어순화정책 3　　　　　　　　　　　　　　값 15,000원

2016년 12월 21일 인쇄
2016년 12월 27일 발행

엮은 데　사단법인 **국어순화추진회**

펴낸 데　**세종학연구원**
　　　　　서울특별시 마포구 동교동 201-50
　　　　　등록번호 : 제313-2007-000053호
　　　　　등록일 : 2007. 2. 27
　　　　　전화 : 02-326-0221
　　　　　팩스 : 02-326-0178
　　　　　전자우편 : sejongpress@gmail.com

펴낸 이 : 박은화
인　쇄 : (주)신영프린팅

이 논문집은 **한글재단**과 **세종학연구원**의 지원을 받아 만들었습니다.

　　　　　　　ISBN 979-11-87951-00-1　94700
　　　　　　　ISBN 978-89-959405-7-0 (세트)